よくわかる 条例審査のポイント

新版 市町村条例クリニック

田島信威・高久泰文 / 著

ぎょうせい

は し が き

　日本国憲法の施行以来、地方公共団体には、自主立法権が保障され、この自主立法権の範囲は、地方公共団体の処理する事務の拡大とともに、条例が地域の法として果たすべき役割は飛躍的に増大した。

　かくして数多くの条例が制定されたが、その中には公害規制法令そして環境保全法令の先駆けをなした公害規制条例をはじめ、青少年保護育成条例、行政情報公開条例・政治倫理条例などの世間の注目を浴びた条例も多く見られるようになった。この他にも、地方公共団体の実施する施策が、条例の形で成文化された例も多く、各地の地方公共団体によるユニークな町起こし・村起こしの条例もしばしば見られるようになった。特に、平成12年4月から施行された「地方分権の推進を図るための関係法律の整備等に関する法律（地方分権一括法）」（平成11年法律第87号）により地方公共団体の事務が大幅に拡大し、各地方公共団体に対してこれまで以上にその独自性と自主性の発揮が求められるようになってきた。このような状況の中で、新しく起こってくる各種の問題を解決していくためには、どうしたらよいかということは、条例の起案や制定に責任をもつ関係者の等しく悩むところであると思われる。

　一般的に言って、国の法令を起案することと比較して、条例の起案に当たっては、憲法に違反・抵触する規定内容を起案することは許されないことは国の法令の場合と同じであるが、条例には「法律の範囲内で、」（憲法第94条）という制約があり、更に、市町村条例においては、その所属する都道府県条例に違反・抵触することも許されない（地方自治法第2条第16項・第17項）という制約がある。

　いずれにしても、特に、市町村条例を起案担当する者にとっては叙上のように種々の困難を解決しつつ市町村条例の起案を全うしなければならないわけである。

　これらを解決するためには、平凡なことではあるが、条例起案の基礎的原理や手法を学ぶことが最も早道であろう。それと同時にこれまでに制定されてきた各地の実際の条例についてその問題点を検討し、どこをどのようにしたらよいのかということを研究することも大切なことであると思われる。

本書においてはこのような立場に立って、第1編において条例に関する基本的な事項と条例起案の基本的心得を述べるとともに、第2編において実際に制定された市町村条例の中から現在は廃止された条例の中で興味深いものにして、かつ、立法政策的及び立法技術的に色々な問題点を含む市町村条例を取り上げて、立法政策的、立法技術的観点から各種の問題点を指摘し、場合によっては、単に問題点の指摘だけでなく、これらに対する「代案」を提示することとした。このような方法を採ることによって、一般的、概念的に述べられている立法技術を具体的な形で学ぶことができると考えたからである。

　なお、これらの条例は、本書の基になった加除式出版物の「条例・規則の起案マニュアル」（ぎょうせい刊）に執筆掲載した当時のものを一部含むが、それは今回、更に検討を深めたものとしたものであり、その他は新しく、平成年間に制定・公布され、現在は廃止された条例を検討し、批判し、その代案を掲載したものであり、ひとつのモデルとして是非とも読んでみて頂きたいと思う次第である。

　本書はこのような意図で書かれたものであるが、本書が条例の起案や制定にたずさわる関係者の方々にとって少しでもお役に立つならば、われわれの喜びはこれに過ぎるものはない。

　本書の出版については、株式会社ぎょうせいの皆さんに大変お世話になった。心から感謝申し上げる次第である。

平成29年（2017年）11月

　　著者　高久　泰文（元参議院法制局参事・第三部長）
　　　　　　　　　　　（元拓殖大学地方政治行政研究科大学院教授）

目　　　　次

第1編　総　　論

第2編　条例クリニック

　　※　本書に掲載した自治体名は全て架空のものである。

はじめに

　現行日本国憲法は、第94条において「地方公共団体は、その財産を管理し、事務を処理し、及び行政を執行する権能を有し、法律の範囲内で条例を制定することができる。」と規定しており、これが、憲法は地方公共団体に対して自治立法権を保障したといわれることの根拠とされるものである。この点については、大日本帝国憲法の時代には、現行日本国憲法が敢えて、「地方自治」の章を設けて地方自治を憲法上保障したのに対して旧憲法下における地方制度が憲法上の保障もなく、自治立法権も極めて狭い範囲に細々と認められていたのに比較して、現行日本国憲法の下においては、地方公共団体の事務の範囲の拡大、増大に伴い、広範囲、かつ、強力なものとなり、旧憲法時代の自治立法とはその性格を一変したものである。

　特に、現行日本国憲法下における条例中、都道府県公安条例、都道府県青少年保護育成条例、市町村公害防止条例ないしは環境保全条例、市町村行政手続条例、行政情報公開条例等、地方公共団体の住民にとって深い関係を有する条例は都道府県間、また市町村間さらには都道府県及び市町村間に相互に影響するところが大きく、注目の的となった。

　憲法第94条の規定に基づく以上のような地方公共団体の制定する法令の存在形式を整理すると、次のものが認められている。

1　地方公共団体の議会がその議決を経て制定する条例
2　地方公共団体の長がその権限に属する事務に関して制定する規則
3　地方公共団体の委員会がその権限に属する事務に関して制定する規則・規程

　以上は、自治立法権に基づく法の存在形式であり、憲法第94条を根拠とし、「法律の範囲内」という制限があり、この「法律の範囲内」とは、国会の制定する「法律」だけに限らず、「政令・省令等の範囲内」ということであって、この点は、地方自治法第14条第1項及び第15条第1項もそのことを確認的に規定している。

　自治立法権にはこのような制限はあるが、これら条例、規則・規程等は地方公共団体自らが制定する法規範であり、この点においては、法律の委任に基づく政令及び省令とは異なった自主独立の地位を有する法規範である。その意味で地方公共団体の自治立法は国家法・国法とは存立の基礎を異にするものということができる。

　しかし、地方公共団体の有する自治立法権そのものは国家の下にあり、国家法・国法がこれを容認する限りにおいて、初めてその存在を許されるものと考えられるのであり、自治立法も国家の全体的法秩序の一環をなすものと解するのが妥当な見解であるとされている。

　もっとも、ここで「国家法・国法がこれを容認する限りにおいて」とは、「地方の時代」といわれる今日においては、「国家法・国法」の「容認の範囲及び程度」には、地方公共団体の自治立法権に対する相当の理解と寛容さが見られることは否定できないと思われる。

　なお、付言するに、今日の地方公共団体である「市町村」に相当するものは、戦後間もない昭和20年10月の時点（現行日本国憲法制定前）では、10,520存在しており、その内訳は、市が205、町が1,797、村が8,518であった。これが、日本国憲法制定後の、昭和28年4月1日施行の町村合併促進法により、市が286、町が1,966、村が9,868となり、それ以降、新市町村建設促進法、地方分権一括法の施行を経て、市町村の合併の特例等に関する法律の施行後の平成28年（2016年）10月現在では、全国の市町村数の合計は、1,718（北方領土の6村を加えると1,724）にまで集中、集約されることとなった。この1,718市町村の内訳は、市が791、町が744、村が183であり、このように村から町、町から市へと地方公共団体が大規模になるに従って、市の数を増してゆくのであり、さらには、市自身もその規模が多様であり、人口が370万を超える横浜市から、人口が4千人未満の市までもが存在するに至っているのである^(注)。

このため、市は、政令指定市、中核市、特例市、それ以外の市に分類されて、その所掌事務の範囲に広狭の差異が設けられているのである。

このようにして、市町村は合併（合体・編入）による行政効率を目指すものではあるが、一方では、特に町村に見受けられる人口の過疎化による地方行政の機能不全のためにも、他の地方公共団体との合併等が行われるわけであって、地方公共団体の規模の拡大は地方公共団体の過疎化を解決することはできず、むしろ、合併によって過疎化した広大な地域を取り込むことにもなるのである。

かくして、「地方の時代」としての地方公共団体の行政事務の増大化と、地方の過疎化に対応するための諸対策には「条例」をはじめとする自治立法件数の一層の増大傾向が想定されるのが今日の事態なのである。

(注) 以上の市町村の数の変遷等は、市町村要覧編集委員会編の平成28年版「全国市町村要覧」（第一法規出版）より引用した。

第1章 条例概説

第1節　条例の所管事項

　地方自治法第14条第1項は、「普通地方公共団体は、法令に違反しない限りにおいて第2条第2項の事務に関し、条例を制定することができる。」と規定し、第96条において、地方公共団体の議会の権限として「条例を設け又は改廃すること（第1項第1号）と規定している。このようにして、条例によれば何事でも規定することができるわけではなく、地方自治法「第2条第2項の事務に関し」条例を制定することができるというだけであり、この「第2条第2項の事務」とは地方公共団体の事務なのであり、この「（地方自治法）第2条第2項の事務」、つまりは条例の「所管事項」は、平成12年の地方分権一括法による地方自治法の改正により、右に図示するような事項になった。

　この平成12年（2000年）4月1日から施行された地方分権一括法による地方自治法の改正前においては、地方公共団体事務（所管事項）は、「公共事務」・「団体委任事務」・「行政事務」の3種類のものと、これ以外に都道府県知事及び市町村長を、国の機関として国の事務を処理させる「機関委任事務」とに区分されていたが、前述のように地方分権一括法による地方自治法の改正により「機関委任事務」は廃止され、地方公共団体の事務は、地域における事務である「自治事務」と、法律又はこれに基づく政令により処理することとされる事務である「法定受託事務」の2種類になったのである。

改正された地方公共団体の事務（所管事項）

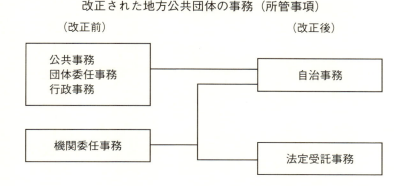

ここで、「自治事務」、つまり地域における事務とは、憲法第92条に規定する「地方自治の本旨」に照らして地方公共団体の存立の目的と考えられる事務とその存立のために必要な事務をいう。つまり、当該地方公共団体の住民の福祉の増進に必要な事務、例えば、住民の安全保持、道路・河川、公園等の設置管理、環境保全衛生管理、各種の福祉の措置、教育等に関する事務であり、さらに、地方公共団体が団体として存続するために必要な事務、例えば、地方議会の議員・長の選挙、執行機関の組織、税の賦課徴収等の事務のように非常に広範囲に及んでいる。

次に、「法律又はこれに基づく政令により処理することとされる事務」、つまり「法定受託事務」とは、法律、政令により都道府県及び市町村が処理することとされる事務のうち、国が本来果たすべき役割に係るものであって、国においてその適正な処理を特に確保する必要があるものとして法律、政令に特に定めるもの、これが「第1号法定受託事務」であり、これと同じように都道府県から市町村への法定受託事務があり、これが「第2号法定受託事務」で、この両者が「法定受託事務」である（もっとも、これは受ける側からの名称であり、受託させる側から言えば「法定委託事務」ではないだろうか。）。

いずれにしても、法定受託事務は、地方自治法の規定するものに限っては、地方自治法別表第1及び別表第2において定められている。

前述のように、地方自治法第14条第1項は条例の「所管事項」について「普通地方公共団体は、法令に違反しない限りにおいて第2条第2項の事務に関

し、条例を制定することができる。」と規定しているのであり、自治事務及び法定受託事務がその「所管事項」である。この他にも、地方自治法をはじめとして、種々の法律において一定の事項を「条例」で定めるものとしている立法例を見ることができる。その一例として、国民健康保険法（昭和33年法律第192号）は、次のような規定がある。

（保険料の減免等）

第77条　保険者は、条例又は規約の定めるところにより、特別の理由がある者に対し、保険料を減免し、又はその徴収を猶予するすることができる。

（条例又は規約への委任）

第81条　この章に規定するもののほか、賦課額、料率、納期、減額賦課その他保険料の賦課及び徴収等に関する事項は、政令で定める基準に従つて条例又は規約で定める。

この他に、地方自治法第158条第1項（内部組織の編成）、地方公務員法第24条第6項（地方公務員の給与、勤務時間その他の勤務条件）、地方税法第3条第1項（地方税の賦課徴収）、文化財保護法第143条（伝統的建造物群保存地区の決定及びその保護）第1項・第2項・第4項、建築基準法第39条第2項（災害危険区域）・第69条（建築協定）、等の立法例がある。これらの法律の条文には、「条例に委任する」とか「条例で定める」ということが規定されている。

また、地方自治法第14条第2項は「普通地方公共団体は、義務を課し、又は権利を制限するには、法令に特別の定めがある場合を除くほか、条例によらなければならない。」と規定している。これは、集団示威行動（デモ行進）、拡声器による騒音の規制、暴利行為の取締り、公共の場所における放置自転車の撤去、農畜産物の検査等というような公権力の行使に関する事務は「条例」に基づくその権力の行使でなければならず、「条例」による公権力の規制がなされるわけである。さらに、地方自治法第14条第3項は「その条例中に、条例に違反した者に対し、2年以下の懲役若しくは禁錮、100万円以下の罰金、拘留、科料若しくは没収の刑又は5万円以下の過料を科する旨の規定を設けることができる。」と規定している。これは、条例の規定の実効性

を担保するものとして必要なことである。一方、地方公共団体の長が制定する「規則」では、違反者に対しては行政上の秩序罰である「過料」を定めることができるが、「罰則」を定めることはできないことを地方自治法第15条第2項が規定している。

また、地方公共団体の長その他の執行機関の専管事項及び法令により「規則」事項とされているものは、「条例」の所管事項からは除外されている。

第2節　条例の内容の限界

1　条例の事項的限界

条例の所管的事項は、広範囲ではあるが、条例の内容については種々の限界が存在する。その第1は、統治団体としての国及び地方公共団体の役割分担に関するものであり、これはいわば条例の「事項的限界」というべきものである。この点について地方自治法第1条の2第1項は「地方公共団体は、住民の福祉の増進を図ることを基本として、地域における行政を自主的かつ総合的に実施する役割を広く担うものとする。」と規定し、第2項において、次のような国の役割分担を規定している。

1　国際社会における国家としての存立にかかわる事務

　　これは、外交・防衛・通貨・司法に関する事務等である。

2　全国的に統一して定めることが望ましい国民の諸活動に関する事務

　　これは、公正取引の確保・生活保護基準・労働基準に関する事務等である。

3　地方自治に関する基本的な準則に関する事務

4　全国的な規模で又は全国的な視点に立って行わなければならない施策及び事業の実施

　　これは、公的年金・宇宙開発・基幹的交通基盤の整備に関する事務等である。

5　その他国が本来果たすべき役割を担うべき事務

2　条例の法的限界

(1)　憲法との関係

　地方公共団体の議会の制定する「条例」も、当然のことながら国の最高法規である憲法には違反することはできないのであり、このことは、条例の規定する事項内容は憲法との関係において法的限界があるということである。この点において、制定された条例の規定内容が憲法に違反するか否かが裁判上の争いとなった事案もかなりあることから、条例を起案、立案する場合には、それと関連する憲法の各規定について十分な配慮、検討が求められるのである。

　これまでに、条例の憲法違反、抵触が論じられた裁判の判例は少なくないのであるが、そのうちから主なものとして、以下のものが挙げられる。

①　罪刑法定主義

　憲法第31条は、「何人も、法律の定める手続によらなければ、その生命若しくは自由を奪はれ、又はその他の刑罰を科せられない。」と定めているが、地方自治法第14条第3項は「普通地方公共団体は、法令に特別の定めがあるものを除くほか、その条例中に、条例に違反した者に対し、2年以下の懲役若しくは禁錮、100万円以下の罰金、拘留、科料若しくは没収の刑又は5万円以下の過料を科する旨の規定を設けることができる。」と規定して、条例に対して限定された範囲内の処罰規定を委任している。

　このために、地方自治法のこの規定の憲法適合性が問題になった。最高裁は大阪市売春取締条例事件において、「憲法第31条はかならずしも刑罰がすべて法律そのもので定めなければならないとするものではなく、法律の授権によってそれ以下の法令によって定められることができると解すべきで、このことは憲法第73条第6号但書によっても明らかである。ただ、法律の授権が不特定な一般的の白紙委任的なものであってはならないことはいうまでもない。……ところで、地方自治法2条に規定された事項のうちで、本件に関係のあるのは3項7号及び1号（筆者の注①）に挙げられた事項であるが、

これらの事項は相当具体的な内容のものであるし、同法14条5項（筆者の注②）による罰則の範囲も限定されている。しかも、条例は、法律以下の法令といっても、上述のように、公選の議員をもって組織する地方公共団体の議会の議決を経て制定された自主立法であって、行政府の制定する命令とは性質を異にし、むしろ国民の公選した議員をもって組織する国会の議決を経て制定される法律に類するものであるから、条例によって刑罰を定める場合には、法律の授権が相当な程度に具体的であり、限定されておれば足りると解するのが正当である」として合憲の判断を下している。

筆者の注①：これは改正前の規定であり、現在はない。筆者の注②この条文は改正されて現在は、第14条第3項である。なお、最高裁判決の判決文中では、第○条、第◎項、第●号、としないでこの「第」を省略するようだが、これは正規の条文の表現ではない。

② 財産権の保障

憲法第29条第2項は、「財産権の内容は、公共の福祉に適合するやうに、法律でこれを定める。」と規定しているが、「条例」によって財産権の制限をすることができるのかについては学説は分かれている。

この条例によって財産権の規制が可能か否かについて正面から裁判事案となったものはないが、財産権に対する行政上の規制又は剥奪を規定内容とする条例を制定することが可能か否かに関しては、奈良県ため池条例事件に関する最高裁判決がある。

この事案についての最高裁は、ため池の損壊、決かい等による災害を防止し、地方公共の秩序を維持し、住民及び滞在者の安全を保持するために、ため池の堤とう上での耕作を禁止する条例の規定につき、「ため池の破損、決かいの原因となるため池の堤とうの使用行為は、憲法でも、民法でも適法な財産権の行使として保障されていないものであって、憲法、民法の保障する財産権の行使の埒外にあるものというべく、従って、これらの行為を条例でもって禁止し、処罰しても憲法および法律に抵触またはこれを逸脱するものとはいえない」と判示している。

③　租税法律主義

　憲法第84条は、「あらたに租税を課し、又は現行の租税を変更するには、法律又は法律の定める条件によることを必要とする。」と規定しているが、地方税法第3条第1項は、「地方団体は、その地方税の税目、課税客体、課税標準、税率その他課税徴収について定をするには、当該地方団体の条例によらなければならない。」と規定し、同条第2項は、「地方団体の長は、前項の条例の実施のための手続その他その施行について必要な事項を規則で定めることができる。」と規定している。

　このように、憲法は「租税法律主義」を規定しているのに対して、地方税法は「条例に委任している」のだから、この地方税法の規定の憲法適合性が問題となるわけなのだが、旧地方税法第36条第1号の規定（これは、入場税附加税については地方公共団体は、その徴収の便宜を有する者をして徴収させることができる旨を規定しており）に基づいて、入場税の特別徴収義務者を「催物又は設備の主催者又は経営者」と指定した栃木県県税賦課徴収条例の規定について、この規定は法律の委任に基づいて定められたものであるから、憲法第84条に違反しない旨の判示をしている。つまり、憲法の規定する「租税法律主義」は、法律による「条例への委任」を合憲と判事しているわけである。

④　公共の福祉と基本的人権

　憲法第13条後段は、「生命、自由及び幸福追求に対する国民の権利については、公共の福祉に反しない限り、立法その他の国政の上で、最大の尊重を必要とする。」と規定しているが、ここで、「公共の福祉」を理由として「条例」でもって住民の基本的人権を制限することができるのか、という問題がある。この点に関しては最高裁の各種基本的人権について判決があり、代表的なものとして（イ）集会の自由、（ロ）表現の自由、（ハ）法の下の平等を挙げることができる。

（イ）集会の自由

　これは、公安条例の憲法適合性の問題であり、これまでも多数の判例が出されている。その代表的なものとしては、(a)新潟県公安条例事件（昭和29・

11・24判決)、(b)東京都公安条例事件（昭和35・7・20判決）、(c)広島市公安事件（昭和35・7・20判決）があり、これらの判決は以後の取扱に大きな影響を与えている。

　公安条例による集会の自由の規制が憲法上問題となるのは、①事前抑制であること、②届出制であるとしても事実上の許可制であること、又は始から許可制であること、③許可の基準の問題、④集会の場所・方法、集団行進の場所・方法の特定の問題等である。

　最高裁が公安条例に関して初めて下した新潟県公安条例事件判決について見ると、最高裁判決では「行列行進又は公衆の集団示威運動は、公共の福祉に反するような不当な目的又は方法によらない限り、本来国民の自由とするところであるから、条例においてこれらの行動につき単なる届出制を定めることは格別、そうでなく一般的な許可制を定めてこれを事前に抑制することは、憲法の趣旨に反し許されないと解するを相当とする」として、一般的な事前規制は違憲であるとした。そして、具体的には、「これらの行動といえども、公共の秩序を保持し、又は公共の福祉が著しく侵されることを防止する」目的で、「特定の場所又は方法につき、合理的かつ明白な基準のもとに、あらかじめ許可を受けしめ、又は届出をなさしめてこのような場合にはこれを禁止することができる旨の規定を条例に設けても、これをもってただちに憲法の保障する国民の自由を不当に制限するものと解することはできない」として新潟県公安条例を合憲とした。

　これに対して、東京都公安条例判決において、最高裁は、集団行動を表現の自由のなかでも暴力に発展する危険性のある特異なものと捉えたうえで、新潟県公安条例事件判決のなかで述べられている場所又は方法の特定性の必要を否定し、公安委員会の自由裁量を積極的に是認し、許可制と届出制の概念又は用語による区別を排斥し、集団示威運動に対する法的規制の必要性を肯定して、合憲の判決を下している。

（ロ）表現の自由

　条例による、橋柱、電柱等にビラ（営利目的のもの以外も含む）を貼り付ける行為を規制することについて、「国民の文化的生活の向上を目途とする憲法の下においては、都市の美観風致を維持することは、公共の福祉を保全

する所以であるから、この程度の規制は、公共の福祉のため、表現の自由に対し許された必要且つ合理的な制限と解することができる」として、最高裁は大阪市屋外広告物条例の規定を合憲とした（昭和43・12・18判決）。

(ハ)　法の下の平等

　地方公共団体の議会の制定する条例により、売春取締に関する違反行為に罰則を規定すると、この罰則の重さが地方公共団体によって差異があり、これがために憲法に規定する「法の下の平等」に反する憲法違反の問題が裁判の争点となった。この裁判事案について最高裁（昭和33年10月15日判決）は「憲法が各地方公共団体の条例制定権を認める以上、地域によって差別を生ずることは当然に予測されることであるから、かかる差別は憲法みずから容認するところであると解すべきである」として、東京都売春等取締条例の規定を合憲としている。

(2)　法律・政令・省令等との関係

　憲法第94条及び地方自治法第14条第1項により、条例は、憲法に違反することが許されないだけではなく、法律、政令、省令等の国の法令にも違反することも認められない。国の法令に違反する条例は、その違反の限度において効力を失うわけであるから、その意味において条例には法的限界が存在するわけである。

　ところで、この場合、国の法令の規定が明確に存在するときには、その規定に違反する内容の条例を制定することができない、ということであり、この点は問題はないが、これに対して、国の法令に違反していると言えるかどうかが明確ではない場合も少なからず存在するのであり、これについては次のような態様がある。

① 　条例で規制する事項について国の法令が全くない、国法上空白状態の場合

　この場合には、条例で規定しようとする事項が地方公共団体の事務の範囲であるならば原則として条例の制定は認められると考えられる。その例として、青少年保護育成条例や、寄付金募集取締条例がある。

②　国の法令が規制している対象と同一事項について規制する場合

　この場合には、条例の目的が異なれば規制対象事項が同一であっても、条例で規制しようとする事項については、国の法令に規制がない場合と同様と思われるから、条例の制定は可能と考えられる。例えば、人の生命、身体又は財産を他人の飼い犬から護るための、畜犬取締条例は、専ら狂犬病の危険から人の生命を護るための「狂犬病予防法」とはその目的を異にするものであるから、制定することは認められる。

③　国の法令と目的は同一であるが規制の対象が異なる場合

　これは特に公害規制条例と称されるグループにおいて認められると考えられるものである。例えば、大気汚染を防止するために大気を汚染する物質を法律（あるいは、法律の委任を受けた政令・省令）で規制するとしても、国の法令では、日本国全体に一律に規制するものであるから、海岸地域、山岳部、盆地、亜寒帯、温帯地域、亜熱帯地域等と複雑な地形の日本列島では、大気の汚染物質の拡散の範囲・程度に地域差があるが、このような地域間の特殊事情を考慮しないのが国の法令である。従って、国の法令では容易に大気中で拡散する化学物質と考えられるために「汚染物質」とされないものであっても、周囲を高山に囲まれた盆地の都市などでは大気が停滞してその化学物質が拡散しない場合がある。このような場合には、当該都市の特殊性を考慮して、国の法令では規制されない化学物質を、当該都市の条例でもって「汚染物質」に指定してその規制をすることが認められるべきである。このようにして、国の法令で規制していないものを条例で規制の対象とすることを「横出し規制」といい、そのような条例は「横出し条例」という。

　このような条例の制定を認めている国の法律があり、大気汚染防止法第4条第1項、水質汚濁防止法第3条第3項、騒音規制法第4条第2項にその例がある。しかし、このような明文の規定がない場合において「横出し条例」が認められるのか否かは、具体的には判断が困難な場合もあるが、要は、国の法令がそれらの規制対象を除外する趣旨はどこにあるのかによって判断することではないかと思われる。

　つまり、その事項に関しては、全くいかなる規制をもすることなく放置す

る趣旨であると解される場合には、それを規制の対象とする条例の制定は認められないと考えるべきであり、一方、法令の趣旨がその事項については地方的特別な事情により規制をすることを認めていると解することができるときは、この「横出し規制」(「横出し条例」)は認められるわけである。

④　国の法令が一定の基準を設けて規制している場合に、同一の対象につき同一の目的から、その基準を上回る規制をする場合

　　これは、前述の「横出し規制」に対して、「上乗せ規制」といわれるものである。これについても、前述のように、このような規制を条例で規定することを認めている立法例として、大気汚染防止法第4条第1項、水質汚濁防止法第3条第3項、騒音規制法第4条第2項がある。国の法令において、このような「上乗せ規制」を「条例」で規定することを明文で規定していない場合には、やはり、そのような「上乗せ条例」の制定は認められないのかという問題はある。この場合には、国の法令における「規制基準」の性格をどのように考えるのかが結論を左右することとなる。

　　要するに、国の法令の「規制基準」を我が国の全体的観点からする「ナショナル・ミニマム」とみるならば、「上乗せ条例」は認められるが、これに対して、国の法令の規制基準で日本国内を通して十分適切な規制であると考えられるのであれば「上乗せ条例」は認められないわけである。

第2章　条例の効力

　　地方公共団体は、国家と同様の統治団体であるが、地方公共団体の統治権は国家の統治権に由来する(伝来的権能)と一般的にいわれており、憲法は、地方公共団体に自治立法権を保障しており、その自治立法権の行使として地方公共団体の議会は「条例」を制定することができるわけである。そして、この「条例」の効力は、もとより万能ではなくて、地域的、人的及び時間的制約が存在するのである。

第1節　地域的効力

　条例は地方公共団体の制定する法規範であるから、その条例の効力は当該地方公共団体の自治権の及ぶ範囲、つまり当該地方公共団体の区域内に限定され、他の地方公共団体の区域にまで条例の効力が及ぶものではなく、これが条例の「地域的効力の原則」である。

　ここで「地方公共団体の区域」とは、その領域内にある河川、湖沼のような内水面を含み、その領域に接続する領海及びこれらの上空である領空も含むものである。この点に関しては、土地の所有者の所有権の及ぶ範囲について、「土地の主は、空の主にして地下の主なり」というローマ法の法諺と同じ考え方である。

　以上のような条例の地域的効力の原則に対して、例外がある。

　先ず、条例によっては当該地方公共団体の区域内の特定の地域にはその条例を適用しない旨を定めている場合があり、この場合には、当該条例の地域的効力は、当該地方公共団体の全区域内ではなく、適用除外区域を除いた範囲に限定されるわけである。

　これに対して、地方公共団体の区域を越えて条例の効力が及ぶ場合がある。地方自治法第244条の3第1項は「普通地方公共団体は、その区域外においても、また、関係普通地方公共団体との協議により、公の施設を設けることができる。」と規定し、また、同法第244条の2第1項は「普通地方公共団体は、法律又はこれに基づく政令に特別の定めがあるものを除くほか、公の施設の設置及びその管理に関する事項は、条例でこれを定めなければならない。」と規定している。従って、これらの規定によると、地方公共団体の区域外に設置された公の施設に関しては当該公の施設を設置した地方公共団体の「条例の効力」が、当該公の施設の設置された場所の地方公共団体の区域に及ぶことになるわけである。

　次に、地方公共団体の区域の変更と条例の効力について述べることとする。

　地方公共団体の区域の変更には、2種類あり、その一は「廃置分合」であり、他の一は「境界変更」である。前者は地方公共団体の法人格の変動を生ずる「区域の変更」であり、後者は法人格の変動のない「区域の変更」とい

える。

　廃置分合には、①分割、②分立、③合体、④編入の４つの形態があり、具体的には次のようなものである。

① 　分割　一の地方公共団体を廃して、その区域を分けて数個の地方公共団体を置くことをいう。

② 　分立　一の地方公共団体の一部の区域を分けて、その区域をもって新しい地方公共団体を置くことをいう。

③ 　合体　二以上の地方公共団体を廃して、それらの区域をもって一の地方公共団体を置くことをいう。

④ 　編入　地方公共団体を廃して、廃された地方公共団体の区域を既存の地方公共団体の区域に加えることをいう。

　以上の地方公共団体の「廃置分合」と「条例の地域的効力」との関係については、地方自治法施行令が次のように規定している。

第３条　普通地方公共団体の設置があつた場合においては、第１条の２の規定により当該普通地方公共団体の長の職務を行う者は、必要な事項につき条例又は規則が制定されるまでの間、従来その地域に施行された条例又は規則を当該普通地方公共団体の条例又は規則として当該地域に引き続き施行することができる。

　第３条の規定を基に廃置分合の結果と「条例の効力」との関係は次のようになる。

① 　「分割の場合」 には、廃止された地方公共団体の地域に施行されていた条例が、新設された数個の地方公共団体において、各々必要な事項について条例・規則の制定されるまでの間は、廃止された地方公共団体の条例・規則を引き続き施行することができる。

② 　「分立の場合」 には、新しく置かれた地方公共団体には、必要な事項につき条例・規則が制定されるまでの間は、分立前の地方公共団体の条例・規則を引き続き施行することができる。

③ 　「合体の場合」 には、合体によって新しく置かれた地方公共団体に、必

要な事項につき条例・規則が制定されるまでの間は、合体前の各地方公共団体の区域には合体前に施行されていた各条例・規則を引き続き施行することができる。

④　「編入の場合」には、編入された地方公共団体の区域には編入した側の地方公共団体の条例・規則が適用されるものと考えられる。もっとも、この場合には、経過措置として、編入後の一定の期間は、編入された地方公共団体の区域には従来の当該地方公共団体の条例・規則を引き続き適用することも認められるのではないだろうか。

次に、地方公共団体の区域の変更としての「境界変更」と「条例の効力」については、これは地方公共団体の廃置分合のような法人格の変動は伴わないのであり、単に、地方公共団体の区域が変わるだけであり、従って、例えば、甲地方公共団体の一部の区域が乙地方公共団体の領域とされた場合には、当該一部の区域は乙地方公共団体の条例・規則の適用がなされるわけであり、丙地方公共団体の一部の区域が甲地方公共団体の領域とされた場合には、当該一部の区域は甲地方公共団体の条例・規則が適用されるのである。

第2節　人的効力

地方公共団体の議会の制定する条例は、その条例の効力の及ぶ領域（地域）、つまり当該条例を制定した地方公共団体の領域にあるすべての人に適用され、その地方公共団体の領域外の人には適用されないのが原則である。この場合の「地方公共団体の領域内にある人」とは、その領域内に住民基本台帳法に基づく住民登録をしている人でそこに住んでいる人だけではなく、住民登録はしていなくともそこに住所、居所を有して住んでいる人、あるいは住んでいるのではなく滞在している人、さらには単なる通行人に対しても適用されるのであるが、当該地方公共団体に住民登録をしている人であっても、当該地方公共団体の領域外にいる場合には当該条例の適用はない、ということである。

この点については「新潟県公安条例事件」の最高裁判所も条例の効力は当然属地的に生ずるものと解すべきであるとし、「……それゆえ本件条例は、

新潟県の地域内においては、この地域に来たれる何人に対してもその効力を及ぼすものといわなければならない。なお条例のこの効力は、法令又は条例に別段の定めがある場合、若しくは条例の性質上住民のみを対象とすることが明らかな場合はこの限りでないと解すべきところ、本件条例についてはかかる趣旨は認められない。従って、本件被告人が長野県の在住者であったとしても、新潟県の地域内において右条例の罰則に当たる行為があった以上その罪責を免れるものではない。……」と判示している（昭和29・11・24）。

しかし、この条例の人的効力には、以下のような例外がある。

第1は、国際法上の関係から、我が国の法令の人的効力の例外があるのと同様に、条例にも人的効力の例外がある。例えば、外国の元首や外交使節等は、国際慣習法、外交関係に関するウィーン条約等によって外交特権を有するとされていることから、これらの者に対しては、当該地方公共団体の領域内にあっても当該地方公共団体の条例適用は排除される。この点は、日米安保条約に基づいて我が国に駐留するアメリカ合衆国軍対の構成員、軍属等についても条例の適用は排除される。

第2は、天皇及び皇族に対する条例の適用についてだが、天皇は日本国憲法上象徴としての地位にあることから、その地位と矛盾するような場合には、条例の適用は排除される。皇太子その他の皇族についても、皇位の継承（世襲制）が認められている関係上、それに必要な限度において、条例の適用は排除されると考えられる。

第3は、当該地方公共団体の職員（地方公務員）の給与、勤務時間その他勤務条件を定めた条例については、その職員が当該地方公共団体の領域外にいる場合にも、条例の効力が「属人的」に及ぶ場合がある。例えば、各県の東京事務所や物産観光あっせん所に勤務する職員の場合である。

第3節　時間的効力

条例も国の法令と同様に、制定された後、公布及び施行されることにより初めて効力を生ずるわけである。

ここで「公布」とは、制定された条例を住民に知らせることであり、実際には住民が条例を知り得る状態に置くことであり、具体的には地方公共団体

毎に定められた公告式条例の規定に基づき、公報への登載、掲示場への掲示等の方法によって行われる（地方自治法第16条第4項）。この点、国の法令の公布は法令を官報に登載し、その官報が東京都の官報販売所に到達した時点で「公布」がなされたという取扱がなされている。

　次に「施行」とは、公布された条例を実際に効力を有する状態に置くことをいう。平たく言えば「実施」である。かくして、条例は施行されて初めて効力を持つに至るのだから、いつから施行されるのかは極めて重要なことである。そこで、条例の「附則」において施行期日が規定されるのが通例である。というよりも施行期日の規定されない条例はまずないと思われる。

　問題は、「公布の日」と「施行の日」とが同日のような場合である。つまり、「この条例は、公布の日から施行する。」というような場合だ。その条例が、住民の権利を規制し、又は住民に義務を課し、それらの規制に違反し、又は義務を履行しない者に対して、罰則を科すとか、不利益処分を課すような条例とか、罰則の規定してある条例のその罰則を重くする内容の一部改正条例のような条例の場合に、「この条例は公布の日から施行する。」と規定したのでは、当該住民に思わぬ不利益を被らせるおそれがある。そこで、このような条例については、「公布の日」と「施行の日」との間に適当な間隔設けることが必要になる、この間隔が「周知期間」というものだが、条例を適用する側から見て「準備期間」といえる場合もある。それでは、どの位の期間が「周知期間」として適当かということになるが、条例を含めて「法の世界」は、総て相対的な価値判断の世界であり、絶対的に正しいということはない。そこで、立法例を見るに、刑法は、専ら、と言って良い程に、罰則と罰則の構成要件を規定している法典である。従って、この「刑法の一部を改正する法律」は、これまでも、幾度となく一部改正がなされているが、その一部改正の内容は、従来の罰則をより重くするために改めることや新たな罰則の構成要件を加えることが通例であり、この「刑法の一部を改正する法律」の附則で規定する「施行の日」を、「この法律は、公布の日から起算して20日を経過した日から施行する。」というのが一般的である。つまり、「20日」の「周知期間」を定めているわけである。

　国の法律において、当該法律の「施行の日」を「政令」に委任するものも

よく見られるところである。例えば、裁判員の参加する刑事裁判に関する法律の附則第1条本文は「この法律は、公布の日から起算して5年を超えない範囲内において政令で定める日から施行する。」と規定しており、この法律の「公布の日」は、平成16年5月28日であり、「政令で定める日」（施行の日）は、平成21年5月21日であった。

これが条例の場合でも、当該条例の「施行の日」を「規則」に委任することはできるから、例えば、「この条例は、公布の日から起算して3月を超えない範囲内において規則で定める日から施行する。」と規定することができる。

次に、この「施行」とは、条例の効力が一般的に働き出し、作用するようになることであるのに対して、「適用」とは、条例の規定を個々具体的な場合について、特定の人、特定の事項、特定の地域等に関して実際に当てはめて、その効力を現実に働かせることをいう。条例は、施行の日にその効力を生じて、それ以後将来に向かって適用されるのだから、この場合には適用について格別規定を設ける必要はない。ところが、条例の規定する事項によっては、過去に遡って施行期日前の事柄について適用する必要がある場合がある。このことを「遡及適用」という。

この「遡及適用」は、既成事実に新法令を適用することとなるために法的安定性を害することになるので、例外措置として認められるものである。特に、刑罰法規の遡及適用については、「罪刑法定主義」のうちの「事後法の禁止（遡及処罰の禁止）」として、憲法第39条前段において禁止しているところである。

しかし、一方では、住民の権利義務を侵害せず、関係者の利益になる場合には、遡及適用は認められるのである。その例としては、国家公務員や地方公務員の給与改定（ベース・アップの場合）のための給与法の一部改正法や給与改定条例の一部改正条例が仮に10月1日に施行されたとしても、その改正内容を同年の4月1日に遡って適用するというものがある。

また、条例にはその附則に「この条例は、平成25年3月31日限り、その効力を失う。」とするように失効期日について規定するものがある。これは「限時法」、「時限立法」などと呼称されているが、この場合にはその期日の到来

とともに自動的に効力が失われる。

　かくして、限時法である条例を除けば、一般的に条例は、改正又は廃止されるまでは存続するものであるから、従って、条例の効力の終期は、失効又は改廃の時期であるということになる。

　この点は、法諺があり、「人の世の法は、生まれ、生き、そして死ぬ。Leges humanae nascuntur vivunt et moriuntur（法は、制定し、公布・施行し、そして廃止する。）」というものだが、これが「ローマ法」に由来するのか否かは分からない。

　以上のような場合以外にも、条例が「実質的に効力を失う」場合がある。それは、同一事項について新しく条例が制定されたときには、「後法は抵触する前法を廃止する」の原則により、前法は改廃されなくても実質的に効力が失われることになる。

　また、「一般法」と「特別法」との関係にある条例については、特別法の適用される限りにおいて一般法は適用はなくなるとされている。しかし、この点については、法律について見るに、問題の2件の法律が一般法と特別法の関係にあると明確に判断することが出来ない場合もあり得る。従って、法律を起案する場合にはその規定しようとする事項が既に存在する法律と同一の事項を包含する場合には一般法・特別法の関係にあるのか否かについてだけではなく、既存の法律の同一事項に係る部分の改正についても配慮する必要がある。このことは、条例の起案についてもいえることである。

　また、国の法令の制定・改廃により、これと規定内容の抵触するに至った条例は効力が事実上失われることになる。

　さらに、法律についてよく見受けられるものに、その法律の適用対象が消滅した場合には、その法律を廃止することをしなくても、当該法律は適用する方途がないから、法律の効力は事実上失われることになる。これについては、次のような立法例がある。

　昭和天皇の大喪の礼の行われる日を休日とする法律（平成元年法律第4号）

昭和天皇の大喪の礼の行われる日は、休日とする。

　　附　則
1　この法律は、公布の日から施行する。
2　この法律に規定する日は、休日を定める他の法令の規定の適用については、
　当該法令に定める休日とみなす。

　この法律は、その題名にも明らかなように「昭和天皇」という特定された人物の「大喪の礼」の行われる日を国民の休日とすることを規定内容とする法律であるから、その日が過ぎてしまえばこの法律の適用対象はなくなることから、実質的にはこの法律は失効したと見ることができる。もし、この法律の題名及び本則の規定が「昭和天皇」ではなくて、一般的に「天皇」とした場合、つまり「天皇の大喪の礼の行われる日を休日とする法律」というのであれば、適用対象は消滅しないから、この法律を改廃しない限り失効ということはない。

　以上のような適用対象の消滅による法律の効力が事実上失われることは、条例においても考えられることである。

第3章　条例起案の基本的心得

第1節　立法の内容

　条例の制定は、成文の法規を作るという形で為されることであり、条例の改正は、条例の成文の文字を直すという形で為されることである。ここにおいて明らかなことは、1つは、条例の内容の問題であり、他の1つは条例の形態の問題である。つまり、条例を立法するに当たって検討すべき要点は、それが条例の内容となり得るものか否かであり、その内容をどのように表現すべきかという、この2点である。

　先ず、前者についてであるが、これを国の法律一般について考えて見ると、法律は国家がその権威によって定立し、その遵守を強制し、その権力によって強行するものである。一方では、国家は国民がその共同の福祉を維持増進するために組織した団体であるから、法律は究極には国家社会の使命を果たすために、国家社会を構成する人々の共同の福祉を増進するために定立するものである。かくして、個々具体的な法律はこのような究極の目的を達成するために定立されるべきものといえるわけである。そして、法律の規定する内容は、政治的、経済的、文化的、技術的などの種々の目的を持ち、事項に応じて色々と雑多な内容を有するものになっているわけである。

　これらの法律の諸々の規定を作用の点で分類すると、大概、以下の3種に大別される。

　第1群は、国の権限を発現する国家機関の組織、権限、手続に関する規定、第2群は、国民の権利義務を定めている規定及び国民間の紛争、紛議の解決のための基準を定める規定、第3群は、行為の基準を定め、その基準に違反したものに対する罰則関係の規定、である。もっとも個々具体的な法律を起案する場合には、常に、これらの3つが存在するわけではなく、各々1つの場合や、各々2つの幾通りかの組み合わせ等があって、1の統一的に法律を形作ることになるわけである。さらにいうならば、このような実体的な規定を実施するために必要な諸々の手続的規定や施行的規定をその内容とする法律も存在するのである。

　以上は、国の法律についてであるが、条例の場合には、特に第1群に属する法律に対応して、地方公共団体の権限を発現する地方公共団体の機関の組織、権限、手続に関する規定や、特に、国の立法府に対応する地方公共団体の議会の組織及び権限、国の行政府に対応する地方公共団体の当該住民に対する種々の行政上の施策を規定する条例が大部分を占めていることが特徴である。

　次に、法律を形式的に見ると、新しく法律を立法する場合、つまり新規立法、新設立法といわれるものであり、また、これまでに存在する法律を改正するものが「改正立法」と称するものであり、これには「一部改正法」及び「全部改正法」がある。さらに存在する法律を廃止するものが「廃止法」と

称するものである。条例も、これに対応して、新規条例、一部改正条例、全部改正条例、廃止条例、ということになる。

　次に、ある一定の施策を条例にしようとする場合に、その施策の内容をそのままに条例案の形にすれば済むものではないのであって、憲法違反の事項内容を条例として規定することはできないし、憲法違反ではないにしても立法政策的に極めて合理性、妥当性を欠くようなことはできない。また、憲法第94条によれば、条例は法律の範囲内でなければならないし、さらには、市町村の条例は、地方自治法第2条第16項及び第17項により、当該市町村の所属する都道府県の条例に抵触することもできないわけである。

　以上は、主に憲法を頂点とする我が国の法体系中の法規範の形式的効力の優劣における「条例」という法規範の位置付けから見たものである。

　条例の内容として第一に検討すべきことは、「条例の適格性」である。条例も法律と同様に社会生活の規範であり、地方公共団体がその権威をもってその遵守を強要、強制し、その権力をもって履行、順守を強行するというものであるから、このようにして「強要性」を有するのであり、また、「実効性」を有するものでなければならない。これは、法律と同じく条例も住民が自らの意思で条例に従って行動するときにその目的を達成するわけである。このことは、条例を制定する場合に、その条例に従って住民が行動するという可能性（これが「実効性」なのであり）があるか否かを十分に吟味することが条例を起案、立案するときには重要なわけである。もっとも、このことが総ての条例の起案、立案の際に要求されるものではなく、地方公共団体の組織機構について規定する条例や、地方公務員についての立法等については「条例の強要性」は格別必要ではない。

　次に、この「条例の強要性」についていうならば、これは「……をしてはならない。」とか、「……をしなければならない。」というように人に行動の基準を提示するものである。従って、この行為基準に違反してある行為をした、又はある行為をしなかった場合には、これに対する罰則を科する、又は不利益を課するということをその違反者の意思にかかわらず実行させるという性質がなければならないのが「条例の強要性」なのである。もっとも、条例の規定がすべてこの「強要性」を有するもの（これを「強行規定」という。）

ばかりではなく、「任意規定」というものもある。これは、先ほどの「……をしてはならない。」に違反する、又は「……をしなければならない。」に違反する行為に出るかいなかは行為者の自由であり、従って、違反しても罰則を科せられるとか、不利益を課せられるものではない。なお、この「任意規定」の場合には「……をしなければならない。」と規定するのではなく、「……するものとする。」と規定するのが一般的である。さらには、「……するよう努めるものとする。」とか、「……するよう努めなければならない。」と規定するものがあり、これは「努力（義務）規定」といわれるものであり、仮に、そのように努めなかったとしても罰則を科せられることはなく、また不利益を課せられることもない。

　さらには、前述のように「……をしてはならない。」とか、「……をしなければならない。」に違反しても罰則を科せられることもなく、不利益を課せられることもない場合があり、この場合はこれらの規定は「訓示規定」といわれるものである。

　以上のようにして、この「強要性」にはその強要の程度に段階があるわけだが、一般的には倫理・道徳規範に裏付けられた規定には、問題なく「強要性」を有し、従って、違反した場合には罰則（それも重罰）を科せられることになるわけである。刑法は正にこのことの分かり易い例になる。もっとも、高尚な倫理道徳規範を法規範の内容として規定することは別な意味で問題となる。

　以上の点については、条例に関しては、抽象的一般的に言うならば、どのような事項についてどういう程度までならば強要することが可能であり、どういう程度を超えた場合には強要できなくなるのかという判断が必要なのである。そして、この判断は、現在の国家における社会一般通念、現代人の感覚に照らして、条例の起案者が人に強要することが適当であるか否かの判断をするということになるわけである。

　次に、条例は、法律と同じく「実効性」をもつものでなければならない。このことは、地方公共団体の住民が条例に従って行動し得るものでなければならない。その条例が遵守される理由が、当該地方公共団体の権威が住民から重んじられているからか、違反に対する罰則が厳格であるからか、住民の

遵法意識の高さからかは問うところではなく、とにかく住民の自らの判断によって条例が守られることが重要なのである。とはいっても、条例の遵守を専ら住民の判断に任せておくわけにはいかないのであり、条例を破る者がいないという前提に立つ条例はありえないのである。しかし、また、大抵の者がその規定を破るような条例では、それは条例としての価値はないのである。かくして、条例の起案・立案に際しては、その規定内容が社会一般、住民一般の支持を受け、住民の遵守によって条例の規定内容の実現が可能か否かを十分に吟味する必要があるわけである。

　特に、地方公共団体が施策、政策を条例によって立法化しようとする場合においては、当該地方公共団体の住民の社会生活に適合するものなのか否か、そのような施策、政策を包含した規定内容が住民の社会生活に受け入れられるものか否か、住民が社会生活を営む上で、それに従って行動することが可能か否か、を十分に検討する必要がある。

　このようにして、条例を起案・立案するに際しては、地方公共団体の住民が社会生活を営む上で「かくあるべし」という意識を追求することが必要であり、このことは、具体的には利害関係人の意見を聴く、学識経験者の意見を聴く、アンケート等により、一般住民の意見を聴く、さらには公聴会、参考人の招致による意見聴取の方法が考えられる。

　次に、条例の起案・立案に当たって重要なことはその条例の規定内容が正しいか否かということである。この場合の正しいか否かは、倫理道徳的に正しいか否か、立法技術的に正しいか否かではなく、実定法としての正義、社会的正義、自由主義的正義等の正義であり、具体的には、実定法の最高法規である憲法にその具体的正義の意味を求めることになるわけである。憲法は、個人の尊厳を基本的な原理としており、従って、この基本原理から個人の基本的権利を尊重するという原則が導き出される。しかし、個人の生存は国家に依存している限りでは、個人の権利も絶対的ではなく、「公共の福祉」の制限に服さなければならない。一方、国家権力の行使（条例の場合には、地方公共団体の権限の行使）は公正でなければならないということになる。

　そしてまた、実定法秩序が変更した場合には、従来の法的関係を信頼して成り立っていた権利関係を一挙に変換するということは採るべきではなく

て、こういう場合には「経過規定」を設ける等により「法的安定性」を図ることが必要である。

　次に、「権力行使の公正さ」についてだが、これは、国家ないしは地方公共団体といった統治団体と個人との関係である。フランス革命以後の近代国家の憲法の思想は「夜警国家」といわれ、国家は種々の方面において国民に干渉することは極力避けることとされており、これによって抽象的一般的な国民は皆自由を謳歌することができると考えられたわけだが、実際には個々具体的な個人はみなその自由を享受する条件を異にするわけであり、いわゆる社会的弱者にとっては単なる貧困の自由が存在するに過ぎないのである。このような、自由の国家社会の実態に対する反省から、20世紀に至り、ドイツのワイマール憲法を嚆矢とする社会国家的憲法の出現を見るにいたったわけである。現行日本国憲法もこの社会国家的憲法の流れを汲み、第25条に代表されるように社会保障、社会福祉の充実を期すことが国家の責務となり、これとともに国家は国民の生活部門の隅々にまで干渉することとなって来ているのである。このことは、国家を地方公共団体に置き換えて、国家の社会保障、社会福祉が法律によって遂行されるのに対応して、地方公共団体は条例により社会国家的憲法の実現が果たされるわけである。

　社会国家的憲法の下においては、国家が、国民の生活の隅々にまでその権力が行使される度合いが多くなる関係で、国家権力の影響を受ける個人の基本的人権を十分に保障する為の法律による補償が十分であることが必要である。このことは国家権力の行使として個人の権利を制限するにはその要件及び権力行使の手続を明確にしておく必要がある。この点、国家権力により個人に刑罰を科する場合には「罪刑法定主義」に基づくことが要請される。

　また、国民の権利を制限し、又は国民に義務を課す場合には、国民の代表者で構成する議会（国会）の制定する「法律」によらなければならないとされている。もっとも、このような国民の権利を制限し、義務を課すことに関して総てを法律で規定することは、必ずしも実効的及び現実的ではないことから、政令以下の命令に委任する場合が認められる。しかし、この「委任」についても、権力行使を公正ならしめるために「包括委任（白紙委任）」容認されない。

　以上の点は、条例についても当てはまるものであり、地方自治法第14条第2項は、「普通地方公共団体は、義務を課し、又は権利を制限するには、法令に別段の定めがある場合を除くほか、条例によらなければならない。」と規定している。そして、法律の場合と同様にして、住民の権利を制限し、又は義務を課すことを総て条例で規定することが実効的、現実的でない場合には、包括的、白紙委任的ではなく個々具体的に限定された範囲内において「規則」に委任することが認められるわけである。

　さらには、行政権の行使により国民が不利益な（行政）処分を受けた場合には、行政不服審査法による当該処分の取消し等が為し得る以外に、平成に至り、行政手続法の成立を見るに至ったのである。これは許可・認可・免許取消し等の不利益処分を国民に課す場合には、事前に当該不利益処分の対象たる国民の意見の聴取、弁解を聴く機会を持つ制度であり、同法律は、地方自治への配慮から、地方公共団体の機関が行う処分等のうち条例等に基づいて行うもの及び地方公共団体の機関が命令等を定める行為については、行政手続法の定める手続を適用することを避け、地方公共団体において行政手続法の規定の趣旨にのっとり責任をもって措置を講ずるよう努力義務規定を設けている（第46条、第3条第3項）。この「措置を講ずる」のは、条例によることに限らず規則、規程など適切な方法により行政手続法第1条の趣旨に沿う措置が講じられることを期待するものである。行政不服審査法は「行政権の行使の公正さ」を図るとともに不当な行政処分により不利益を受けた国民（住民）のための「事後救済」の制度であるのに対して、行政手続法は不当な行政処分が為される前にその処分を回避するための、いわば「事前救済」の制度であり、いずれにしてもこれらの制度は「権力行使の公正さ」を担保するものである。

　次に、「法的安定性」についてであるが、およそ法規範が制定されることにより、国民はその制定された法規範によって行動の自由又は行動の自由の規制を受けるわけであり、このようにして国民の生活が規律され、秩序立てられているわけである。さらにいえば、法規範によって、自由に為し得ることと、自由に為し得ないことの区別が明確になり、個々人の権利は擁護され、責任は追及され、犯罪とされる行為を犯した者は罰せられるということを覚

知し、法規範のそのような制度を信頼して国民は行動をするわけである。従って、国家がこのような国民の信頼を裏切る措置を執るとしたならば、それは国民の生活秩序の安定を害することとなり、法規範に対する信頼が失われることとなるのである。

　もっとも、世の中の事情の変化につれて法規範も改める必要が生じてくることが当然考えられる。従って、この場合にはこの世の中の変化に即して新しい法規範を制定しなければならないが、国民は、従来の法規範の下において権利を取得し、又は義務を負担したのだから、従来の法規範と全く懸け離れた内容の法規範を制定することは必ずしも妥当なことではないと思われる。そのような新しい法規範を制定し、施行するとしてもそれが遵守され難いことは、前述の「法律の実効性」を論じたところである。

　もっとも、社会事情の急激な変化であって、その変化の程度が大である場合に、従前の法規範によって認められてきた権利及び義務を否定しなければならないこともありえる。この場合でも、従来の権利・義務関係を否定することによる混乱を回避するために、従来の法律関係を一時的にも保護すべきか、それとも新しい法的秩序を受理すべきかの考慮はなされるべきである。そしてこれは、その際における具体的な事情によること、及び新しい法的秩序の内容との比較考量によるべきであるといわざるを得ない。

　しかし、可能な限り従来の権利関係は保障することが現在の立法の一般的な傾向である。この点、具体的な立法においては、「経過規定」を設けることによって、当面は従来の権利関係を認めるというものである。

　具体的な立法例を挙げると、従前は、ある営業を営むには無許可であったものが、新しい条例に基づく制度においては、当該市町村長の許可を要するということになったときに、その制度の実施前に許可なく営業を営んでいた者については、「この条例の施行の日から6箇月を経過する日までは従前の例による。」と規定することで、新条例の下でも6箇月間は無許可営業が認められ、それ以後も同一の営業を続けたければこの6箇月の間に「営業の許可」を得ることが求められるわけである。

　また、公益的事業を行う団体に一定の「名称の独占」を認めることを内容とする条例を制定するに際して、すでにその独占の対象たる名称を使用して

いる他の団体が存在することに配慮して、当該「名称の独占」を規定する条例には、「この条例の施行の日から３箇月を経過する日までに従前の名称を改めるものとする。」というような「経過措置」を設けることによって、当面の間、従来の権利関係、法的関係を保障することにより「法的安定性」を図ることが求められるのである。

第２節　表現の整序

　条例案を起案・立案する場合には、法律案の場合と同じようにその内容を整序しなければならず、その整序の基準として、その内容が条例とするのに適合する性質のものであること、条例とする事項が正しいものであること、我が国の法体系との調整がとれていることである。

　かくして整序された条例の内容をどのような構成で条例案としてまとめるのか、また、まとめられた内容を条例案としていかに表現するかが課題となる。

　とにかく、条例は、法律と同様に「成文法」なのだから、文言、文章で表現されることによって条例の内容が認識されるわけである。従って、条例の起案者・立案者が、さらにはその起案・立案された条例案を議決・制定した地方議会（立法者）がその条例の規定内容をどのように考えた（立法者の意思が何であろうとも）としても、文言、文章（成文）として表現されたものによって認識し、理解した意味内容でもって運用されてゆくものなのである。

　従って、条例の条文を書く（起案・立案する）場合には、条例の規定内容を的確、簡潔に表現することが要請されるわけである。もっとも、このことは一般的に事務的文書や事実を記録する文書等にも要請されることなのだが、法律と同様に、条例の条文を書く場合には特に要請されることである。なぜならば、法規範の１つである「条例」もその究極のところは、「○○をしてはならない」、「◎◎をしなければならない」というように、「行為規範」なのであり、さらにこの行為規範に違反した場合に罰則が科せられるとか、不利益処分を課せられるというような制裁が伴うことがあるから、条例の条文規定も法律と同様に人の「行為規範」を具体的で極めて厳格で正確な表現が要請されるのであり、比喩的、暗喩的な表現や、含蓄のある表現、味わい

のある表現はもちろんのこと、柔らかな、控えめな又は暈(ぼ)かした表現とか、どのように受け取られてもよいような表現は極力避けなければならない。この点が、詩歌や小説等の文学作品との明確な相違なのである。さらに、このことは私たちが日常普段に話している会話・表現を法規範である条例の文章（条文規定）の表現として用いることはできないのである。

　かくして、法規範である、法律ないしは条例の条文規定の表現は、法律に携わったことのない人達にとっては理屈っぽく、諄諄(くどくど)しく、または周(まわ)り諄く感じられ、どうしてもっと簡単にいえないのか、という批判を受けることがあるが、法文が二義を許さず、法文の意味することを、的確に、正確に、かつ明確に、法規範の適用を受ける者に伝えるには致し方ないことなのである。

第2編
条例クリニック

1 阿波谷町普通河川管理条例
● ●

（目的）

第1条　この条例は、法令に定めのあるものを除くほか、普通河川の管理において必要な事項を定めることを目的とする。

（定義）

第2条　この条例において「普通河川」とは、河川法（昭和39年法律第167号）を適用又は準用しない河川で阿波谷町が認定し公共の用に供されるもの（以下「河川」という。）をいう。

（行為の禁止）

第3条　何人も、河川に関し、次に掲げる行為をしてはならない。

一　河川を損傷すること。

二　船、木材の類を放流すること。

三　みだりに土石、ごみ、汚毒物その他これらに類するものを放棄し、又はこれらのものを河川に流入するおそれがある場所に放置すること。

四　ひ門、水門、せき、量水標及び橋梁等に船、木材等を係留すること。

五　みだりに河川に畜類を繋ぎ、又は放し飼いする施設を設けること。

（行為の制限）

第4条　何人も、河川に関し町長の許可を受けなければ、次に掲げる行為をしてはならない。

一　工場又は事業場の廃液、鉱水又は廃物を河川に流入させること。

二　河川において、土砂、砂れき等を堆積しその他これに類する行為をすること。

三　河川において、しゅんせつ、掘削又は盛土等工事その他これらに類する行為をすること。

　　四　前各号に掲げるもののほか、河川の清潔、方向、水量、幅員、深浅に著しい影響を及ぼすおそれのある行為をすること。

（行為の許可）

第5条　次に掲げる行為をしようとする者は、町長の許可を受けなければならない。

　　一　河川において、工作物を新築、改築又は除去すること。

　　二　河川を占用すること。

　　三　河川の流水を停滞し、又は引用すること。

　　四　河川において、土砂、砂礫、竹木その他生産物を採取すること。

（許可の申請等）

第6条　前2条の許可を受けようとする者は、行為の目的、行為の期間、行為を行う場所、行為の内容その他町長の指示する事項を記載した申請書を町長に提出しなければならない。

2　前項の申請書には、図画、設計書、利害関係者の承諾書（承諾が得られない場合においては、あらかじめその理由を付して町長の許可を受けなければならないものとする。）を添附しなければならない。

3　前2項の許可を受けた者は、許可を受けた事項を変更しようとするときは、第1項の規定に準じて許可を受けなければならない。

4　町長は、前2条又は前項に掲げる行為が河川の維持管理上支障を及ぼさないと認める場合に限り、前2条又は前項の許可を与えることができる。

5　町長は、前2条又は第3項の許可に河川の維持管理上又は公益上必要がある場合には条件を付することができる。

（行為の廃止の届出）

第7条　第4条、第5条又は前条第3項の規定による許可（以下「許可」という。）を受けた者（以下「使用者」という。）が許可の期間満了前に当該許可に係る行為を中止又は廃止しようとする場合においては、あらかじめ町長に届け出なければならない。

（許可の取り消し）

第8条　町長は、次の各号の一に該当する者に対しては、許可の全部又は一部を取り消しその効力を停止し若しくはその条件を変更し又は行為の中止、工作物の改築、移転、除去若しくはその工作物により生ずべき損害を予防する

ために必要な施設とすること、河川を原状に回復すること、その他必要な措置を命ずることができる。

　一　この条例の規定若しくはこの条例の規定に基づく処分又は許可に付した条件に違反している者

　二　偽りその他不正な手段により許可を受けた者

2　町長は、次の各号の一に該当する場合においては、使用者に対し、前項に規定する処分をし又は措置を命ずることがある。

　一　工事又は工作物が河川の維持管理に支障を及ぼすおそれがある場合

　二　河川について国又は地方公共団体が使用するためやむを得ない必要が生じた場合

　三　前各号に掲げる場合のほか、公益上やむを得ない必要が生じた場合

（許可の失効）

第9条　次の各号の一に該当する場合においては、許可はその効力を失う。

　一　使用者が死亡し、相続人のない場合又は許可を受けた法人が解散した場合

　二　許可を受けた目的を達することが事実上できなくなった場合又は許可を受けた行為をやめた場合

（原状回復）

第10条　使用者は、許可の期間が満了した場合又は前条の規定により許可が効力を失った場合においては、ただちに河川を原状に回復し又は生産物の採取のあとを整理しなければならない。ただし、町長がその必要がないと認めた場合においては、この限りでない。

2　町長は、前項の場合において、使用者に対し原状の回復若しくは原状に回復する必要がない場合の措置又は生産物採取のあとの整理について必要な指示をすることができる。

（権利義務の承継）

第11条　使用者は、当該許可に係る権利義務を他人に承継させることができない。ただし、第5条の規定により許可に係る権利義務を相続により承継する場合及び町長の承認を受けて承継する場合においては、この限りでない。

2　相続人は、前項ただし書の規定により相続した場合においては、相続開始後30日以内にその旨を町長に届け出なければならない。

（使用料等）

第12条　第5条の規定による許可を受けた者は、別表料金の欄に定める金額に、同条の規定により許可を受けた使用又は占用の期間、又は量に相当する期間又は量を同表単位の欄に定める期間又は量で除して得た数を乗じて得た額（消費税法（昭和63年法律第108号））第6条第1項の規定により消費税を課さないこととされるもの以外のものについては、その額に1.05を乗じて得た額を使用料又は占用料（以下「使用料等」という。）として納入しなければならない。ただし、その額に1円未満の端数を生じたときは、その端数を切り捨てるものとする。

2　前項の使用又は占用の期間が翌年度以降にわたる場合における使用料等の額は、各年度ごとに算定するものとする。

3　町長は、公益上その他特別の理由があると認められる場合には、第1項の使用料等を減免することができる。

4　第8条第2項の規定による処分を受けたものには、その者の申請により町長は、すでに納入した使用料等の一部又は全部を還付することができる。

第13条　町長は、監視員を置くことができる。

（委任）

第14条　この条例の施行に関し必要な事項は、町長が定める。

（罰則）

第15条　第3条第1号の規定による禁止事項に違反した者は、五万円以下の罰金及び科料に処する。

第16条　次の各号の一に該当するものは、二万五千円以下の罰金及び科料に処する。

　一　第3条第2号から第5号までの規定による禁止事項に違反した者

　二　第4条の規定による制限事項に違反した者

　三　第5条の規定による行為を町長の許可を受けないで行った者

第17条　次の各号の一に該当する者は、科料に処する。

　一　第8条の規定による町長の処分に違反した者

　二　第10条第1項の規定に違反してその義務を怠った者

第18条　偽りその他不正な手段により第12条第1項の規定による使用料等の徴収を免れた者については、その徴収を免れた金額の5倍に相当する金額（当

該5倍に相当する金額が五万円を超えないときは、五万円とする。）以下の過料を科する。

第19条　法人の代表者又は法人若しくは人の代理人、使用人その他の従業者がその法人又は人の義務に関し、前4条の規定に該当する行為をしたときは、行為者を罰することのほか、その法人又は人に対して各本条の規定を適用する。

　　　附　則

1　この条例は、公布の日から施行する。

2　この条例の施行の際に、地方分権一括法（平成11年法律第87号）施行に伴い、国有財産特別措置法（昭和27年法律第219号）第5条第1項第5号による財産譲与契約が締結された区域からこの条例を適用する。なお、適用されない場合は、従前の例による。

3　この条例の施行の際、現に権原に基づいて第4条又は第5条に掲げる行為をしている者は、その権原に基づいて従前と同様の条件により当該行為をすることについて、第6条第4項の許可を受けたものとみなす。

条例クリニック ☞

第1条は、条文の「見出し」を「目的」とあることから、この条例の起案者は、「目的規定」のつもりであるが、この条例の「題名」が「阿波谷町普通河川管理条例」とあるように「阿波谷町」を貫流する普通河川の管理のために必要な事項を定めている条例であり、そのように普通河川を管理することにより、何を実現しようとするのか、何を目指しているのがが規定されていないのであるから、第1条は、単にこの条例の規定内容の要旨を記載したものに過ぎず、これは「趣旨」規定である。そこで、「河川」に関して規定した法律で「目的」を規定したものを挙げると、この条例第2条に規定するように「河川法（昭和39年法律第167号）」があり、同法は、次のように「目的」を規定している。

（目的）

第1条　この法律は、河川について、洪水、高潮等による災害の発生が防止され、河川が適正に利用され、流水の正常な機能が維持され、及び河川環境の整備と保全がされるようにこれを総合的に管理することにより、国土の保全と開発に寄与し、もって公共の安全を保持し、かつ、公共の福祉を増進することを目的とする。

　ところで、この河川法（昭和39年法律第167号）によると、我が国に存在する「河川」について、その「公共性の程度」に応じて「一級河川」、「二級河川」（これらを「適用河川」という。）及び河川法の規定を準用する「準用河川」、さらには、河川法の規定の適用や準用もない河川としての「普通河川」に分類されるのである（河川法第100条第1項前段）。このような河川法の分類により「普通河川」については、河川法の適用及び準用もないことから、さらには、普通河川の管理は市町村長の管理に属することから、普通河川の管理に関しては「市町村条例」を制定することができるわけであり、本件の「阿波谷町普通河川管理条例」も、その1つであるということになる。

　河川法の「目的」規定を見れば明らかなように「河川管理に関する法令」は大概このようなものと考えることができるのであり、本条例もその河川の規模（流域面積等を勘案した）の大小の差異を別にすれば、河川管理に関する法規であることから、本条例の「目的」はこの「河川法」と異なるものとは考えられないのである。従って、本条例第1条には、敢えて、「目的」規定を設ける必要はなく、「趣旨」規定で十分あり、趣旨規定としては、次のような案文が考えられる。

（趣旨）

第1条　この条例は、本町の領域の普通河川の管理について必要な事項を定めるものとする。

　第2条は、「普通河川」について定義しているが、その定義するところは正にそのとおりであり、これはいうまでもなく一般に「普通河川」そのものであり、従って、格別この条例で定義するまでもないことである。さらにい

えば、この「普通河川」という用語は、題名を除いては、この条例ではどこにも使用されてはいない。従って、二重の理由により、第2条で「普通河川」を定義する意味はない。

　第3条から第5条にかけて、「行為の禁止」、「行為の制限」及び「行為の許可」が規定されており、それが「河川に関し」及び「河川において」の「行為の規制」を定めたものであるが、ここで、先ず「河川」という概念を明確にする必要がある。

　河川法によると「河川」は、「河川区域」、「河川保全区域」及び「河川予定地」に分けることができる。この「河川区域」とは、河川を構成する土地の区域を指し、具体的には①河川の流水が継続して存する土地及び地形、草木の生茂の状況その他その状況が河川の流水が継続して存する土地に類する状況を呈している土地（河岸の土地を含み、洪水その他異常な天然現象により一時的に当該状況を呈している土地を除く。）の区域、②河川管理施設の敷地である土地の区域、③堤外の土地（政令で定めるこれに類する土地及び政令で定める遊水池を含む）、の区域のうち、①の区域と一体として管理を行う必要があるものとして河川管理者が指定した区域をいう（河川法第6条第1項）。「河川の区間」が河川の縦の長さをいうのに対して、「河川区域」は河川の横の幅をいうのである。このように「河川区域」が定められる意義は、国民（住民）の行為に対する制限の及ぶ範囲を明らかにすることにある。次に、「河川保全区域」とは、河岸又は河川管理施設を保全するために必要があると認めて河川管理者が指定した「河川区域」に隣接する一定の区域をいう（河川法第54条第1項）。次に、「河川予定地」とは、河川工事の施行により新たに河川区域内の土地になるべき土地で、河川工事を施工するために必要があると認めて河川管理者が指定した土地を指す（河川法第56条第1項）。このようにして、「河川管理行政」は、その管理の対象とする「河川」の概念を具体的に特定、限定して、その対象に相応する諸々の規制がなされるものであり、ただ漠然と「河川」を対象として、これに対する行為の規制、行為の禁止をするというものではない。

　第3条は、各号列記以外の部分で「河川に関し、次に掲げる行為をしてはならない。」とあるが、これは、前述の観点からすれば、「河川区域」におけ

る行為の制限と考えられるのである。しかし、禁止される行為として第1号に掲げる「河川を損傷すること。」とは、この意味自体が余りにも漠然としている、換言すれば、禁止される行為の構成要件が明確ではなくて、例えば、河川の流水は、その河川区域内の土地（流水の敷地）の上を流れる水であるわけだから、そうであるならば、「河川を損傷すること。」は、河川区域内において、しゅんせつ、土地の掘削、盛土若しくは切土その他土地の形状を変更する行為を河川管理者（本条例においては「町長」）の許可なくして行うこと、ということであり、これは第4条第3号に掲げられていることと同旨であり、従って、第3条第1号に掲げる必要はない。

　また、第3条は、第2号及び第3号の「又は」より前の箇所並びに第4号は、河川の「流水についての河川管理に支障を及ぼす行為を禁止」するものであると思われる。第4号は、「流水」以外の「河川区域」の河川管理に支障を及ぼす行為を禁止するものである。

　第4条は、河川の「流水」について、河川管理に支障を及ぼす行為をするに際して河川管理者（本条例では「町長」）の許可に係らしめるものである。

　第5条は、第1号が「河川区域」において一定の行為をすることを河川管理者の許可に係らしめるものである。第2号及び第3号は、「流水」についての管理に支障を及ぼす行為を河川管理者の許可に係らしめるものである。第4号は、河川区域の管理に支障を及ぼす行為を河川管理者の許可に係らしめるものである。

　以上のように第3条から第5条にかけて「行為の規制」について規定しているのであるが、その規制の種類が、「禁止」及び「河川管理者の許可」であり、また、河川管理者の「河川区域」における河川管理に影響を及ぼす行為を規制するものか、河川管理者の「流水」に対する河川管理に影響を及ぼす行為を規制するものであるか、これらの観点を整理して「行為の規制」を定める必要があると思われる。以上の諸点を踏まえると、第3条、第4条及び第5条については、次のような案文が考えられる。なお、一箇条を追加する必要があり、それを便宜上「第5条の2」という「枝番号」とする。

（行為の禁止）

第3条　何人も、正当な理由がなく、河川の流水に竹木又は舟若しくはいかだを放流してはならない。

2　何人も、正当な理由がなく土石その他廃棄物を河川の流水に放棄し、又はこれらのものが流入するおそれのある規則で定める場所へ放置してはならない。

3　何人も、正当な理由がなく、ひ門、水門、堰（せき）、量水標、標識又は橋梁その他規則で定めるものに、舟、いかだ、竹木その他の規則で定めるものを係留してはならない。

4　何人も、正当な理由がなく、河川区域に家畜その他の規則で定める動物を係留し、又は放し飼いしてはならない。

（行為の制限）

第4条　河川の区域内の土地において、土地の掘削、盛土若しくは切土その他土地の形状を変更する行為、又は竹木の栽植若しくは伐採をしようとする者は、河川管理者（以下「町長」という。）の許可を受けなければならない。

2　河川区域内の土地（町長以外の者がその権原に基づき管理する土地を除く。次条において同じ。）を占用しようとする者は、町長の許可を受けなければならない。

3　河川区域内の土地において土石（砂を含む。以下同じ。）を採取しようとする者は、町長の許可を受けなければならない。

4　河川区域内の土地において工作物を新築し、改築し、又は除去しようとする者は、町長の許可を受けなければならない。

第5条　何人も、正当な理由がなく、河川の流水に廃液、鉱水その他の規則で定めるものを流入させてはならない。

2　何人も、正当な理由がなく、河川の流水の方向、清潔、流量、幅員又は深浅その他規則で定める事項について、河川管理上支障を及ぼすおそれのある行為をしてはならない。

第5条の2　河川の流水を占用しようとする者は、町長の許可を得なければならない。

2　河川の流水を停滞し、又は引用しようとする者は、町長の許可を受けなければならない。

　第6条は、格別問題はないが、前述の改正案文により、町長の許可を要する行為の規制を規定する条文は、第4条及び第5条の2となったことから、第6条は、第1項中「前2条」を「第4条又は前条」に、第4項中「前2条」を「第4条、前条」に、第5項中「前2条」を「第4条又は前条」に、それぞれ改める必要がある。

　第7条は、格別問題はないが、第6条の改正と同様に、「第4条、第5条」を「第4条、第5条の2」に改める必要がある。

　第8条及び第9条については、「次の各号の一に」を「次の各号のいずれかに」に改めるべきである。

　第11条は、格別問題はない。

　第12条は、第1項中「（以下「使用料等」という。）」を「（以下本条において「使用料等」という。）」に改める必要がある。なぜならば、この「使用料等」という短縮した表現は、本条（第12条）においてだけ登場するものだからである。

　第13条は、条文に「監視員」という「見出し」を付けるべきである。この規定では、「町長は、監視員を置くことができる。」とするが、これは、「町は、監視員を置くことができる。」と規定すべきである。また、この「監視員」は本町の職員（地方公務員）を任命するのか、本町の（職員以外の）者に委嘱するのか、複数にしてこの両者なのか明白にすべきである。さらに「監視員」の職務権限を規定すべきである。

　第14条は、委任規定であり、これは、定型的な立法例があり、次のようである。

　（規則への委任）
　第14条　この条例に定めるもののほか、この条例の施行に関し必要な事項は、規則で定める。

　罰則を定めた条文を条例の末尾に配置したことは行政立法の立法例に従ったものであるが、罰則が「五万円以下の罰金及び科料」、「二万五千円以下の罰金及び科料」、「科料」であっては、このような罰則ではこの条例の実効性を担保するには極めて程遠いものがある。地方自治法では、罰金は「百万円

以下」とあるのだから（同法第14条第3項）、このような低額の罰金を科する条例違反行為の刑事裁判に当該地方公共団体の職員が証人等として出頭することの行政的負担を考慮するならば、もっと、罰金の額を多額にすべきである。特に、第17条は「科料に処する。」とあるが、科料は、「千円以上一万円未満」であり（刑法（明治40年法律第45号）第17条）、本条例第17条に掲げる違反行為を本町の職員が告発し、検察官が起訴し、当該刑事裁判の証人等として本町の職員が法廷に出頭し、判決の確定にまで付き合う負担を考慮するならば、このような軽い刑罰であることは立法政策的にいかがなものであろうか。

　第18条は「過料」を規定しており、この規定は、地方自治法第228条第3項を参照したものと思われる。この「過料」は、厳密には刑罰ではなく、行政処分（不利益処分）であり、地方公共団体の長（本件では町長）が一定の手続（地方自治法第255条の3）により処することができるものであり、罰金とは異なることから、刑事裁判のように本町の職員が出廷するような行政上の負担はないわけである。

　第19条は、「両罰規定」を設けており、この点は堅実な立法措置であるが、この両罰規定では、法人にも罰則（罰金及び科料）を科すこととなるのである。ところで、法人に対して、一万円未満の金額である「科料」を科すことが、この条例の実効性を担保する上でどれだけの意義があるのか、これは立法政策上の合理性、妥当性が問題とされる点である。

　附則第2項では「地方分権一括法（平成11年法律第87号）」を引用しているが、この「地方分権一括法」とは正式な法律の名称ではなく、略称であり、法律（条例も同じ。）において他の法規を引用するときは、その引用される法規の名称には略称を用いない。従って、「地方分権一括法（平成11年法律第87号）」は、「地方分権の推進を図るための関係法律の整備等に関する法律（平成11年法律第87号）」でなければならないのである。なお、他の法規を引用することが複数回に及ぶときは、第1回目のときにだけ引用される法規について「法令番号（条例番号）」を付けることとし、2回目の引用からは引用される法規の「法令番号（条例番号）」は付けないのが立法例である。

審査のポイント☞

　すべての国内法についていえることは、憲法の規定に違反することはできないことはいうまでもないが、さらに条例は、地方自治法第2条第16項が「地方公共団体は、法令に違反してその事務を処理してはならない。また、市町村及び特別区は、当該都道府県の条例に違反してその事務を処理してはならない。」と規定し、第17項では「前項の規定に違反して行った地方公共団体の行為は、これを無効とする。」と規定しているように、市区町村条例は当該所属する都道府県条例に違反することもできないのである。

　この点から、市区町村の制定する条例は、法令及び都道府県条例と同様の事項について規定するときは、それとは全く趣旨、目的の異なる内容の市区町村条例というものでなければならない。また、法令が規定していない事項に限り、及び当該市区町村が所属する都道府県の条例が規定していない事項に限り、市区町村条例を制定することができるというわけである。

　以上が原則であるが、本件の「阿波谷町普通河川条例」は、河川法に規定する「河川」の種類区分が、①一級河川、②二級河川、③準用河川、④普通河川と分類される中で、④「普通河川」に相当するものである。河川のうち、一級河川及び二級河川は、河川法の適用があり、③準用河川は、その名の通り、河川法の規定を準用することができるものである。最後に残った、④「普通河川」は、河川法の適用も準用もなく、従って、河川法とは別個に、河川管理等について「条例」を制定することが可能なのであり、本条例が正にその「普通河川管理条例」なのである。ただ、そこで一つ問題とすべきことは、河川法が河川管理の方法、手段としてとして必要な「行為の禁止、制限ないし規制、行為に対する許可、認可、同意」について、河川法が定めているよりも厳格かつ広範囲な禁止、制限規制であったり、行為に対する許可、認可、同意等の要件を河川法よりも厳しい基準を設けるとか、河川法よりも重い条件、負担を課することがある場合には、それらは河川法に違反するものとして認められない、とするのが一般的な見解であることに留意しなければならない。

44

2　愛川町飲料容器の散乱防止に関する条例

（目的）

第1条　この条例は、飲料容器の散乱防止に関し必要な事項を定めることにより、美しく、かつ、住みよい町づくりを目指すことを目的とする。

（定義）

第2条　この条例において、次の各号に掲げる用語の意義は、当該各号に定めるところによる。

一　飲料容器　飲料を収納し、又は収納していた缶、瓶をいう。

二　散乱　飲料容器を散らばすこと及び捨てる目的で放置することをいう。

三　町民等　町民、滞在者及び旅行者をいう。

四　販売業者　商店及び自動販売機により、飲料容器に収納した飲料を販売する者をいう。

五　回収容器　飲料容器を回収する容器をいう。

（町の施策）

第3条　町は、第1条の目的を達成するため、飲料容器の散乱防止に関する施策（以下「施策」という。）を講じなければならない。

（町民等の遵守事項）

第4条　町民等は、道路、水路、公園、公共広場及び他人が所有する場所において飲料容器の散乱防止に努めるとともに、この条例に基づく町の施策に協力しなければならない。

（販売業者の遵守事項）

第5条　販売業者は、飲料を販売する商店又は自動販売機に、回収容器を備え付けなければならない。

2　販売業者は、町の施策に基づき、その販売に係る飲料容器の散乱防止に努めなければならない。

（注意及び指導）

第6条　町長は、第4条の規定を遵守していないと認めたときは、注意することができる。

2　販売業者は、第5条第1項を遵守していないと認めたときは、回収容器を

　備え付けるように注意し、その適正管理に努めるよう指導することができる。

（適用上の注意）

第7条　この条例の適用に当たっては、町民等、販売業者の権利を不当に侵害しないよう留意しなければならない。

（委任）

第8条　この条例の施行に関し必要な事項は、規則で定める。

　　　附　則

条例クリニック☞

　第1条は、「美しく、かつ、明るく住みよい町づくりを目指すことを目的」として「飲料容器の散乱防止」をする旨を定めるものであるが、果たして、「飲料容器の散乱防止」だけで、この条例の目的が達成し得るとは思われない。この条例の目的である「美しく、かつ、明るく住みよい町づくり」を阻害するものは、食料の容器包装、化粧品の容器包装、医薬品の容器包装等があり得るわけであり、従って、これらのものの容器包装をも散乱防止の対象に含めなければ、この条例の目的は達成できないのではないか。

　もっとも、この点については、愛川町食料品の容器包装の散乱防止に関する条例、愛川町化粧品の容器包装の散乱防止に関する条例、愛川町医薬品の容器包装の散乱防止に関する条例等の条例は既に制定されており、今回、飲料容器の散乱防止に関する条例を制定することにより、一連の「美しく、かつ、明るく住みよい町づくり」条例が完結するのであるとの、弁明があるのかとも思われる。しかし、仮にそうであるとしても立法政策的には、「一主題一法律」ということが原則であり、同じような内容の法律（条例）を数件の法律（条例）に分けて制定することは妥当性を欠き、合理的ではない。従って、本条例においても、その題名にあるように「飲料容器」に限定して、その「散乱防止」を規制するということは適切な立法措置とはいえないのである。条例の目的である「美しく、かつ、明るく住みよい町づくり」のためには、要するに「容器包装」の散乱を防止することが必要なのであり、その「容器包装」の中身が食料、飲料、化粧品、医薬品、さらには健康食品、健康飲

46

料というようなことはどうでもよいわけである。そうであるならばこの条例の題名は、「愛川町容器包装の廃棄禁止等に関する条例」とすべきである。

かくして、第１条は、「飲料容器」は「容器包装」に改めること、また、「美しく」とあるが、このように「美しく」ということは無難な言い方ではあるが、抽象的であり、また、美意識というものはかなり「主観的」なものでもあることから、他にこれに代替する用語があれば、「美しく」は改めた方が良いと思われる。ここでいう「美しく」とは客観的、具体的には「清潔で」という意味ではなかろうか。従って、「清潔で、かつ、明るく住みよい町づくり」と表現すべきではなかろうか。

第２条の定義規定については、第１号の「飲用容器」は、「容器包装」に代えたので定義する必要はない。「容器包装」の定義は、「容器包装に係る分別収集及び再商品化の促進等に関する法律（平成７年法律第112号）」第２条で「この法律において「容器包装」とは、商品の容器及び包装（商品の容器及び包装自体が有償である場合を含む。）であって、当該商品が消費され、又は当該商品と分離された場合に不要となるものをいう。」と定義しており、この定義をそのまま本条例に用いるか、それともこの法律の定義によることを当然の前提とし、本条例では格別、定義しないことでもよい。第２号の「散乱」は、社会一般でいわれる「散乱」の意味と格別に異なるものではないから定義することは不要である。特に「及び捨てる目的で放置することをいう。」などと規定することは全く無益というよりも有害な規定内容である。このような規定内容であれば、道路や公共広場に容器包装を並べ立てて、それを咎められたならば、「捨てるつもりはありません。持ちきれないから後で取りに来る迄一時的にここに置いただけです。」というような言い逃れができるわけである。

第３号の「町民等」の用語の定義も不要である。これは、第４条が「町民等の遵守事項」という条文の「見出し」があるためにこの「町民等」の定義の必要に駆られたものと思われる。しかし、「町民、滞在者及び旅行者」と規定するのであれば、これはこの町の領域に入った者の総てをいうのであるから「町民等の遵守義務」という見出しのままで、条文では「町民等は、」を「何人も、」と改めるだけで足りるのである。

　第3条は、「飲料容器」を「容器包装」に改めることである。

　第4条は、「町民等は、……この条例に基づく町の施策に協力しなければ
ならない。」と規定するが、極めて一般的、抽象的な遵守事項であり、それ
よりも、端的に、公共の場所に「容器包装を放置することを禁止する」こと
を規定すべきである。従って、第4条は、次のような案文になる。

（町民等の遵守事項）
第4条　何人も、道路、水路、公園、広場その他の公共の場所に容器包装を放
　　置してはならない。

　第5条は、次のような案文も考えられる。

（販売業者の義務）
第5条　容器に収納された物品又は包装物に包装された物品を販売する者は、
　　当該容器又は包装を収集するための回収容器を備え付けなければならない。
2　前項に規定する者は、当該販売に係る物品の容器及び包装の散乱の防止に
　　努めるものとする。

　第6条は、「認める」を「知り得た」という明確な表現とすることにし、
第1項は、誰に対して「注意」をするのかを明記すること、第2項では、だ
れが「注意し」また「指導する」のかを明記すべきであり、次のような案文
が考えられる。

（注意及び指導）
第6条　町長は、第4条の規定を遵守していない者に対して、同条の規定を遵
　　守すべき旨を注意することができる。
2　町長は、第5条第1項に規定する者が回収容器を備え付けないときは、当
　　該回収容器を備え付けるべきこと及び当該回収容器の適正管理に努めるべき
　　ことを指導することができる。

　第7条は、「適用上の注意」として、「販売業者の権利を不当に侵害しない
ように留意しなければならない。」と規定しているが、第5条及び第6条に
規定されている「販売業者の遵守義務には、その違反に対しては「罰則」は

なく、「注意」及び「指導」があるに過ぎず、この「注意」又は「指導」を忌避し、拒み、又は妨げることがあるとしても、本条例にはその販売業者に対して格別の「不利益処分」が課せられるものでもないのであるから、第7条の規定は必ずしも必要なものではない。この条例には遵守義務に対して何らの制裁（罰則）もないことから、その実効性が乏しいことの方が、むしろ気掛かりである。

　第8条は、「委任規定」であり、この場合の条文の「見出し」は、従来は単に「委任」でよかったのであるが、現在の立法例では「政令への委任」とか、「省令への委任」のように、委任先の法規範を明記するのが一般的である。従って、次のような案文になる。

（規則への委任）
第8条　この条例に定めるもののほか、この条例の施行に関し必要な事項は、規則で定める。

審査のポイント ☞

　法令を起案するときは、「一主題一法令（条例）」であるべきである。前述のように本条例では「飲料容器の散乱防止」のみについて規定して、「美しく（清潔で）明るく住みよいまちづくりを目指す」ことを目的とする、とあるが、前述のように飲料以外の物の容器包装の散乱防止をしなければこの条例の目的は達成されないとの批判は当然あり得る。その場合に、考えられる反論としては、飲料容器以外については既に、次のような条例が制定されており、今回のこの条例でもって一連の「町づくり」は完結するという反論があり得る。

　　愛川町医薬品の容器包装の散乱防止に関する条例
　　愛川町化粧品の容器包装の散乱防止に関する条例
　　愛川町食料品の容器包装の散乱防止に関する条例
　　愛川町健康食品の容器包装の散乱防止に関する条例
　　愛川町健康飲料の容器の散乱防止に関する条例

　しかし、これらのいずれの条例も本件の「愛川町飲料容器の散乱防止に関する条例」と同旨の内容の条例なのであるから、散乱防止の対象である物品毎に格別の条例として起案し、制定する必要はなく、これらは一括して、1件の条例として起案し、制定することの方が立法政策上、はるかに合理的である。その際は、容器包装の中身に拘泥する必要はないのだから、従って、「愛川町容器包装の散乱防止に関する条例」という題名になる。

　もっとも、その容器包装の中身を表示した方が実際的で、印象的だというのであれば、条例の題名を「愛川町飲食料品等の容器包装の散乱防止に関する条例」とすることができる。いずれにしても、この条例の目的からして、容器包装の散乱防止が重要なのであり、容器包装の中身は問題ではないのである。

　ところで、1件の条例にまとめるということの立法政策的合理性というものは、かりに、幾つかの条例に分かれた条例であると、これらの条例には罰則がないことから、条例の実効性を担保すべく、違反行為に対して「罰則」を規定することとした場合には、各々の条例ごとに「一部を改正する条例（案）」を起案して、本町議会に提案することになるわけである。その際に、「愛川町医薬品の容器包装の散乱防止に関する条例の一部を改正する条例」は成立し、施行されたが、「愛川町化粧品の容器包装の散乱防止に関する条例の一部を改正する条例（案）」その他の「一部改正条例（案）」は政治情勢等により不成立となった場合を想定すると、医薬品の容器包装を路上に放棄した者に限って罰金に処せられ、化粧品や食料品の容器包装を路上に放棄した者は、罰金に処せられないという不公正な結果となるわけである。このような事態にならないように、「一主題一条例」は極めて妥当性、合理性のある立法政策といえるのである。

3 天越村草木・石材・砂利等の持ち出しを禁止する条例

第1条　この条例は、天越村で生産される草木・石材・砂利等の村外持ち出し
　　を禁止することを目的とする。

第2条　この条例で草木・石材・砂利等とは、次の各号に定めるものをいう。

　　一　草木とは、黒木、ソテツ、マッコウ、サンショウ、モンパ

　　二　石材とは、鉱業法に規定する石灰石（コーラル、骨材を含む。）

　　三　砂利とは、砂利採取法に規定する砂・玉石

第3条　前条に規定する草木・石材・砂利等を島外に持ち出しを禁止する。但
　　し、第1号のうち、特に持ち出しを必要とするときは、その採取場所・数量・
　　目的等を記載した許可申請書（第1号様式）を村長に提出しなければならな
　　い。

2　村長は、許可申請書を審査し、必要と認めたものに限り許可書（第2号様
　　式）を交付するものとする。

第4条　前条第2項の規定によって許可された草木を持ち出ししようとする者
　　は、許可書を携帯しなければならない。

第5条　村長は、この条例に違反した者に対し10万円以下の罰金を科すること
　　ができる。

第6条　この条例で定めるもののほか、必要な事項は規則で定める。

　　　附　　則

　この条例は、公布の日から施行する。

条例クリニック☞

　題名の「草木・石材・砂利等」は「草木、石材及び砂利」に改めるべきで
ある。また、第3条第1項を見るに、「持出しを禁止する」のは石材及び砂
利であり、「草木の持出し」は禁止ではなく、「草木の持出し」を許可制とし
ているのである。

　第1条は、「……することを目的とする」と規定するところから、この条
例の起案者は第1条を「目的規定」のつもりであると思われるが、このよう

に「禁止（規制）する」ことで何を目指すのか、何を実現しようとするのかが明記されていないのであり、これは「趣旨規定」ということである。そこで、「趣旨規定」であれば、次のように表現するのが立法例である。

> 第1条　この条例は、天越村に生育する草木、所在する石材及び砂利の村外への持出しを規制することに関し必要な事項を定めるものとする。

第2条は、このように「号建て」の定義規定の場合には、次のように規定するのが立法例である。

> 第2条　この条例において次の各号に掲げる用語の意義は、当該各号に定めるところによる。
>
> 一　草木　黒木、ソテツ、マッコウ、サンショウ及びモンパをいう。
>
> 二　石材　鉱業法（昭和25年法律第289号）に規定する石灰石（コーラル及び骨材を含む。）をいう。
>
> 三　砂利　砂利採取法（昭和43年法律第74号）に規定する砂及び玉石をいう。

なお、第2条を「項建て」の定義規定にするのならば、次のように規定するのが立法例である。

> 第2条　この条例において「草木」とは、黒木、ソテツ、マッコウ、サンショ及びモンパをいう。
>
> 2　この条例において「石材」とは、鉱業法（昭和25年法律第289号）に規定する石灰石（コーラル及び骨材を含む。）をいう。
>
> 3　この条例において「砂利」とは、砂利採取法（昭和43年法律第74号）に規定する砂及び玉石をいう。

ところで、この条例の題名、第1条及び第2条を検討した結果、「草木の村外への持出し」については「許可制」ということで「規制」しているのであるが、その持出し規制の対象である「草木」は、第2条第1号では、この村に生育する「すべての草木」ではなく、「黒木」を含む5種類のものに限定されているのである。そして、これらは、すべて観賞用草木か、あるいは希有、希少な草木のようである。そうなると、「草木の村外への持出し禁止」

というのでは正確な表現ではなく、これは、「希少植物の村外持出し規制」というべきである。かくして、この条例の題名は「天越村希少植物、石材及び砂利の村外持出し規制に関する条例」とすべきである。

　第3条第1項は、本文の「草木・石材・砂利等」を「希少植物、石材及び砂利」に改めること、また、「島外」とあるが、これは「村外」と同義であると思われる。つまり、1つの島全体が1つの村ということであるから「村外」でも「島外」でも良いというわけであろうが、法文においては同じ事項を規定する場合には用語は統一しなければならない。また、「持ち出しを禁止する」とあるが、第3条第2項及び第4条は「持出しを禁止する」のではなく「持出しを制限する」規定である。これらの点を踏まえて、第3条は、次のような案文となる。

第3条　何人も、村長の許可を受けないで前条に規定する希少植物を村外へ持ち出してはならない。
2　何人も、前条に規定する石材又は砂利を村外へ持ち出してはならない。
3　第1項に規定する村長の許可を得ようとする者は、採取する希少植物の名前、採取場所、採取目的、採取本数その他規則で定める事項を記載した第1号様式の許可申請書を村長に提出しなければならない。
4　村長は、前項の許可申請書を審査し、許可を認める者に対し第2号様式の許可書を交付するものとする。

　第4条は、これまでの改正点を踏まえて、次のような案文になる。

第4条　前条第4項の規定により許可された希少植物を村外へ持ち出そうとする者は、同項の規定により交付された許可書を携帯しなければならない。

　第5条は、村長が罰金を科することができる旨を規定しているが、これは明白な誤りである。罰金は刑罰であり、刑事訴訟法に基づく刑事裁判により裁判所が罰金の判決を下すことができるのである。この点が「罰金を科する」のではなく「過料に処する」のであれば、これは実質的には「行政処分（不利益処分）」であるから、村長の権限である。もっとも、「過料」は「5万円以下」である（地方自治法第255条の3、第14条第3項）。「この条例に違反

した者」という規定内容では違反行為の具体的な構成要件が明確ではないから、これを明確にすべく、第5条は、次のような案文が考えられる。

第5条　第3条第1項の規定に違反して許可なく希少植物を村外へ持ち出した者は、3万円以下の過料に処する。

2　第3条第2項の規定に違反して石材又は砂利を村外へ持ち出した者は、5万円以下の過料に処する。

第6条は、条文の「見出し」はないが「規則への委任」であり、同条文中「必要な事項」を「この条例の施行に必要な事項」に改めるべきである。さらに、第5条は「罰則」（「過料」は実質的には行政処分（不利益処分）ではあるが、行政立法では広く「罰則」に含める）を定めた規定であるから、この条例の末尾に置かれるのが立法例である。従って、第5条と第6条とは順序を入れ替えるべきである。

附則で「この条例は、公布の日から施行する。」と規定するが、「過料」という「罰則」そのものではないが、行政処分（不利益処分）を設けていることから、「周知期間」を置く必要があり、例えば「この条例は、公布の日から起算して20日を経過した日から施行する。」とか、「この条例は、公布の日から起算して20日を超え、30日を超えない期間内の規則で定める日から施行する。」というような「周知期間」を定めるべきである。

審査のポイント ☞

法令（条例も同じ。）の題名は、その法令の規定する内容を正確に、明確に表現しなければならないということが要請されているのであり、この点が、詩歌や小説の題名と異なるところである。

社会一般で用いられている用語であり、その用語の意味内容も社会一般において認識されているのと同じ場合には、定義する必要はない。これに対してその用語の意味内容を、当該条例の趣旨又は目的によって社会一般で認識されているよりも広い意味、又は狭い意味にその用語を使う場合に、その広い意味又は狭い意味にするために定義する必要があるわけである。

条例において他の条例又は法令を引用する場合には、その引用に係る条例

の題名のほか条例番号をも記載すること、法令の場合には題名のほか法令番号を記載すること（同一の条例又は法令が複数回引用する場合には二度目以降の引用には条例番号又は法令番号は記載しない）が立法例である。

　罰金及び科料並びに過料は、行政立法（条例の同じ。）においてはいずれも違反者に対して財産上の出費、負担を課する点で共通であり、これらを規定した条文の「見出し」は「罰則」として「共通見出し」であるが、「罰金及び科料」は、刑罰であり、刑事訴訟法に基づく刑事裁判手続により判決により科されるものであり、地方公共団体の長（本件では村長）が科することはできない。一方、「過料」については、これは行政処分（不利益処分）であるから、地方公共団体の長（村長）が地方自治法の規定する手続により「過料に処する」ことができるのである（同法第255条の３）。

4 嬉野町鉱、植物の保護育成に関する条例

　（目的）

第1条　この条例は、嬉野町内に所在又は生育する岩石並びに植物で風致上重要なものについて、その保存及び保護育成のため必要な措置を講じもって町の景勝的価値の保存に務めることを目的とする。

　（定義）

第2条　この条例において、岩石とは露出中の岩石をいい、植物とは石楠花、岩しば、川チドリ、石コク、岩つつじ等をいう。

　（保護）

第3条　鉱、植物は、つとめてこれを保存並びに保護育成しみだりに採集してはならない。

2　鉱、植物の採集を必要とするものは、本籍、住所、氏名、職業、生年月日、採集する場所並びに品目数量及び使用目的を具体的に記載した書面を提出し町長の承認を受けなければならない。

　（罰則）

第4条　第3条の規定に違反したものは、採集物品を押収するとともに2千円以下の過料に処する。

　（規則への委任）

第5条　この条例の施行に関し必要な事項は、町の規則で定める。

　　　附　　則

1　この条例は、公布の日から施行する。

条例クリニック☞

　この条例の題名が「鉱、植物の保護育成に関する条例」とあるが、なぜ「鉱物、植物」としないで「鉱、植物」というような中途半端な省略をするのか、この省略にどのような意味があるのか理解できない。この点は第3条においても「鉱物、植物」としないで「鉱、植物」と表現している。この無用な省略はないこととして、この条例題名を「鉱物、植物の保護育成に関する条例」

とした場合にも、若干の問題がある。それは、第2条の定義で「植物とは石楠花、岩しば、川チドリ、石コク、岩つつじ等をいう。」とあることから、これは植物一般を保護育成の対象とするものでないことは明白である。つまり、植物の中でもある限定されたものをいうわけである。この点は、第1条でも「……植物で風致上重要なものについて……保護育成のため必要な措置を講じもって町の景勝的価値の保存に……」と規定することからも明らかである。そうであるならば、この題名においても、ただ単に「植物」としたのでは植物一般を意味することになるから、ここは「希少植物」とか「観賞用植物」又は「特定花木類」のような限定した意味を伺わせる表現の方がよい。

　第1条は、「鉱、」の文言ではなくて「岩石」という表現である。そして、この「岩石」は第2条にも登場するのであり、そうなると、本条例では「鉱、」という文言が、題名と第3条第1項及び第2項に存在し、第1条と第2条では「岩石」という用語が使われているのであるが、何故このような使い分けをするのか全く分からない。この「鉱、」及び「岩石」とは同じものであると推測されるが、そうであるならば、どちらかに用語を統一すべきである。法律（条例も同じ）の条文においては、同一の事項を規定する場合においては、たとえ色々な用語、表現があるときでもその用語又は表現は統一すべきなのである。そうしないと思わぬ解釈が生ずることとなり不都合を来すこととなるからである。

　また、この第1条は「……嬉野町内に所在又は生育する岩石並びに植物で……その保存及び保護育成のため必要な措置を講じ……」という条文は極めて文章の続き具合が悪いのである。これは「岩石と植物」を一緒くたに規定するからであり、両者を分けて規定すべきであり、以下のような案文が考えられる。

（目的）
第1条　この条例は、嬉野町内に、所在する岩石の保存のため、及び生育する植物で風致上重要なものについての保護育成のため、各々その必要な措置を講じ、もって本町の景勝的価値の高揚増進に資することを目的とする。

　もっとも、第1条の「岩石」については更に検討を要するが、それは後述

することとする。

　第2条は、「植物」の定義中、「……岩つつじ等」の箇所は、「岩つつじその他の規則で定めるもの」とすべきである。

　さて、問題は「岩石とは露出中の岩石をいい」とあるが、このような一般的、抽象的な表現では、岩石ならば何でもでよいことになり、この町の道端に転がっている石ころまでもが含まれるのであり、それが、この町の「景勝的価値」にいかなる効果をもたらすものであろうか。つまり、第2条の前半部分は、定義規定の体を成していない。

　第2条で「岩石とは露出中の岩石をいい」とあるのは、第1条の「嬉野町内に所在……その保存……のため必要な措置を講じもって町の景勝的価値の保存に努める……」と相まって考えるに、この「岩石」とは、例えば、天狗の顔の形をした岩（天狗岩）とか、竜宮城の亀の形をした岩（竜宮の亀石）等という奇岩立石のようなものをこの条例の起案者は想定したのではないかとも思われるのである。

　第3条は、「（観賞用）植物の採集は許可制」であることを規定したものと思われる。また、第1項は、やはり文章の続き具合が適切ではない。「鉱、」は「露出中の岩石」として、「みだりに」は「正当な理由がなく」とし、第1項は、暫定的に「何人も、露出中の岩石の保存に努めるとともに、正当な理由がなく観賞用植物の採集をしてはならない。」と規定することができる。

　第4条は、「第3項の規定に違反したものは、採集物品を押収する……」とあるが、この押収する者はだれなのか。仮に町長ということならば、そのような権限は地方公共団体の長には認められてはいない。この条例の起案者は、違反した採集物品を「町長が没取する」つもりであったのかと想像するのである。なぜならばこの「没取（ぼっしゅ・ぼっとり）」は行政処分（不利益処分）であり、地方公共団体の長の権限である。もっとも、現在の立法例では、この「没取」は用いられなくなり、代わりに、町の条例の場合には「町に帰属する」というように規定するのである。従って、第4条は、「第3条の規定に違反して採集された物品は、町に帰属する。」という案文になる。また、第4条の「2千円以下の過料に処する」とある「過料」は厳密にいえば刑罰ではなく「行政処分（不利益処分）」なのであるが、行政立法におい

ては「罰則」に含めて規定している。なお、違反行為に対する制裁として「過料」に処するときは、「5万円以下の過料を科する」ことができることを考慮すべきである（地方自治法第14条第3項）。

第5条は「見出し」の通り「委任規定」であり、立法例としては「この条例に定めるもののほか、この条例の施行に関し必要な事項は、規則で定める。」と規定するのが通例である。ところで、第5条は「委任規定」であり、第4条は「罰則」であるから、この両者は規定の順序を入れ替えて、罰則規定がこの条例の末尾に置かれるのが立法例である。

附則は、1項しかない場合には項番号「1」は付けないのである。また、この条例は、「罰則」を規定しているのだから「公布の日から施行する。」のではなく、「周知期間」を設けるべきである。

以上の諸点を踏まえて、この条例は、次のような案文が考えられる。

嬉野町特殊奇岩類の形質の保全及び特殊花木類の保護育成に関する条例

（目的）

第1条　この条例は、本町内に、所在する特殊奇岩類の形質の維持保全及び生育する特殊花木類の保護のために必要な措置を定め、もって本町の景勝的価値の高揚増進を図ることを目的とする。

（定義）

第2条　この条例において「特殊奇岩類」とは、竜宮の亀石及び天狗岩と称される土地から露出屹立した岩石その他の特異な外観を有する規則で定めるものをいう。

2　この条例において「特殊花木類」とは、石楠花、岩しば、川チドリ、石こく、岩つつじその他の規則で定めるものをいう。

（特殊奇岩類及び特殊花木類の保護）

第3条　何人も、特殊奇岩類の形質を変更する規則で定める行為をしてはならない。

2　何人も、特殊花木類を採取し、又は特殊花木類の個体を損傷する規則で定める行為をしてはならない。ただし、学術調査及び研究その他規則で定める事由に該当するものとして町長が許可した場合は、この限りでない。

　3　何人も、特殊花木類の生育を阻害する規則で定める行為をしてはならない。

（規則への委任）

第4条　この条例に定めるもののほか、この条例の施行に関し必要な事項は、規則で定める。

（罰則等）

第5条　次の各号のいずれかに該当する者は、50万円以下の罰金に処する。

　一　第3条第1項の規定に違反して、特殊奇岩類の形質を変更する規則で定める行為をした者

　二　第3条第2項本文の規定に違反して、特殊花木類を採取し、又は特殊花木類類の個体を損傷する規則で定める行為をした者

　三　第3条第3項の規定に違反して、特殊花木類の生育を阻害する規則で定める行為をした者

　2　第3条第2項本文の規定に違反して採取され、又は損傷を被った特殊花木類は、町に属する。

　3　法人の代表者又は法人若しくは人の代理人、使用人その他の従業者が、その法人又は人の業務に関し、第1項各号の違反行為をしたときは、行為者を罰するほか、その法人又は人に対しても同項の罰金刑を科する。

　　　附　則

この条例は、公布の日から起算して20日を経過した日から施行する。

審査のポイント ☞

　同じ事項を表す場合に、その表現を変えてはならない。

　地方公共団体の長（本件では町長）は、条例に違反した者の占有する物件、物品を押収する権限はない。このような場合には、「第○○条の規定に違反して採集された物品は町に帰属する。」と規定するのが立法例である。

　条例が、違反者に対して罰則を科するか、又は行政処分（不利益処分）に処することを規定するものである場合、あるいは、一部改正条例により新たに違反者に対して罰則を科するか、又は行政処分に処することを規定するものである場合、あるいは、一部改正条例により従来の罰則をより重くすること、又は従来の行政処分をより重くすることを規定する場合の新規条例又は

一部改正条例の「施行の日」は、「公布の日から施行する」のではなく、当該条例の「公布の日」と「施行の日」との間に一定の期間を設けること（この期間のことを「周知期間」という）が必要である。この「周知期間」を何日にすべきかは、専ら立法政策の問題であるが、「刑法の一部を改正する法律」の場合には、その「附則」で「この法律は、公布の日から起算して20日を経過した日から施行する。」と規定するのが通例である。つまり、20日間の周知期間を設けているのである。

5 鰐淵市市道の交通規制に関する条例

（道路の保全）
第1条　市は、道路の構造を保全し、又は交通の危険を防止するため、車両の
　　制限を規制する。
（車両の通行禁止）
第2条　市は、車両の重量及び大きさ並びにその数量等が、市民の交通に危険
　　を及ぼすと認定した場合には、その車両の通行を禁止する。
　　　　附　則
　　この条例は、平成18年7月1日から施行する。

条例クリニック☞

　第1条は、「……車両の制限を規制する」という規定の意味が明確ではな
いが、要するにこの条例の起案者は、本市を貫通する道路あるいは本市の領
域内の道路において走行する車両についてはこの条例で一定の規制を行うこ
とを定める、ということであり、第2条は、「車両の重量及び大きさ並びに
その数量等」の車が本市内の道路を走行するのを場合によっては禁止するこ
とができる旨を規定しているわけである。そこで問題は、地方公共団体が、
このような「車両の交通規制」に関する事項を条例で規定することができる
のか、ということである。地方自治法第14条第1項は「普通公共団体は、法
令に違反しない限りにおいて第2条第2項の事務に関し、条例を制定するこ
とができる。」と規定し、第2条第2項は「普通地方公共団体は、地域にお
ける事務及びその他の事務で法律又はこれに基づく政令により処理すること
とされるものを処理する。」のであるから、地方公共団体は、前述のような
規定内容の条例を制定することはできないものと考えるべきである。
　地方公共団体とは我が国の全領域の一定の限られた領域を統治する統治団
体であり、普通地方公共団体は、都道府県が、現在47、市町村が1700余存在
するわけである。
　要するに、一定の限られた領域を統治する地方公共団体が、各々その統治

領域限りに適用される法規（条例）を制定することができるわけであるから、仮に、その条例により一定の重量、大きさ、構造の「車両」の走行を禁止するようなことが認められるとするならば、（道路はその種類は諸々あるとしても、各々の道路は連結連続しているものであるから）立ち所に交通渋滞を来たし、円滑な交通の障害となるのは必定であり、従って、道路を走行する車両の制限規制は各地方公共団体が独自にはできないものなのである。

かくして、本条例で規定する事項については、道路運送車両法（昭和26年法律第187号）第40条が、自動車の構造について、長さ、幅、高さ、最低地上高、車両総重量、車輪にかかる重量、車輪にかかる荷重の車両総重量に対する割合等の規制を定めており、さらに、道路法（昭和27年法律第180号）第47条や、車両制限令（昭和36年政令第265号）第4条では、「車両についての制限に関する基準」について具体的に規定しているのである。

審査のポイント ☞

市区町村の条例は、地方自治法第14条第1項が「（地方自治法）第2条第2項の事務に関し条例を制定することができる。」と規定している。これは、自治事務及び法定受託事務について条例を制定することができるということなのであるが、もちろん、憲法違反の条例は制定できないし、「法律の範囲内で条例を制定することができる（憲法第94条）」のであるから、法律違反の条例を制定することもできないし、また、その市区町村の所属する都道府県の条例に違反する条例も制定することができないのである（地方自治法第2条第16項、第17項）。市区町村の条例を起案する際には、これらの点に十分留意すべきである。

6 石堂町犬の危害防止に関する条例

（目的）

第1条　この条例は、人の身体及び財産に対する犬の危害防止に関し、必要な事項を定めることにより、その危害防止対策を総合的に推進し、もって住民の社会生活の安全を確保するとともに、公衆衛生の向上に寄与することを目的とする。

（用語）

第2条　この条例で掲げる用語の意義は、次の各号に定めるものとする。

一　「飼い主」とは、犬の所有者及び所有者以外の者が管理する場合にあってはその者をいう。

二　「飼い犬」とは、飼養管理されている犬をいう。

三　「野犬」とは、飼い犬以外の犬及び第4条第2項に違反してけい留されていない犬をいう。

四　「けい留」とは、飼い犬を丈夫なくさり等でつなぎ、人の身体及び財産に危害を加えることのないよう、その行動を一定範囲内に制限しておくことをいう。

五　「毒餌」とは、薬物を使用して調製し、薬殺を目的とした餌をいう。

六　「捕獲箱」とは、犬のいけどりを目的とした捕獲のための箱をいう。

（町の責務）

第3条　町は、県が実施する犬の危害防止に関する施策に協力するとともにこれらの防止について積極的な施策を講ずるものとする。

（飼い主の責務）

第4条　飼い主は、飼い犬が人の身体及び財産に対し危害を加えることのないよう充分な飼養管理をするとともに県又は町が実施する犬の危害防止に関する施策について積極的に協力しなければならない。又飼い主は次に掲げる事項につき、これを守らなければならない。

一　飼い犬が不用となった場合は他人に譲渡するか又は町が指定する買取日に町に引き渡すこととし、これを捨ててはならない。

二　飼い主は、次の各号に該当する以外は、人の身体及び財産に危害を加え

るおそれのない方法でけい留しなければならない。

　　イ　飼い犬が人の身体及び財産に危害を加えるおそれのない場所又は方法で訓練し、移動し、又は運動させるとき。

　　ロ　警察犬、狩猟犬、盲導犬又は運搬犬をその用途に使用するとき。

　　ハ　飼い犬を展覧会、競技会、曲芸その他これに類する催しのために使用するとき。

　　ニ　飼い犬を人の身体財産に危害を加えるおそれのない檻又はさくその他障壁内に収容するとき。

　三　飼い主は、次に掲げる事項につき遵守しなければならない。

　　イ　人の身体及び財産に危害を加える性癖のある飼い犬は口輪の取り付けその他必要な措置をとること。

　　ロ　飼い犬が、学校、病院、公園、道路その他公共の施設若しくは場所又は他人の財産を汚染し又は損傷したときは直ちに汚物の処理、その他必要な措置をとること。

　　ハ　飼い犬をけい留する場所及びその周辺を清潔にすること。

（届出義務）

第5条　飼い主は、飼い犬が人を咬んだ場合は直ちに所轄保健所長にその旨を届出てその指示を受けなければならない。

2　犬に咬まれた者は、遅滞なくもよりの保健所長にその旨を通報しなければならない。

（措置命令）

第6条　町長は、飼い主が、第4条第1項、第2項又は第3項に違反していると認めるときは、飼い主に対し指導及び勧告等の方法で必要な措置をとることができる。

（野犬等の掃討）

第7条　町長は、野犬が人の身体及び財産に危害を加えることを防止するため、通常の方法で捕獲することが困難であると認めるときは、捕獲箱の設置で捕獲するほか毒餌による野犬掃討を行うことができる。

（不用犬の買上げ）

第8条　町長は、期日を定め、不用犬の買上げを行うことができる。

（委任）

第9条　この条例の施行について必要な事項は、規則で定める。

　　　附　則

1　この条例は、公布の日から施行する。

2　石堂町野犬取締条例（平成12年条例第18号）は、廃止する。

条例クリニック☞

　第1条は、「人の身体及び財産に対する犬の危害防止に関し、必要な事項を定めることにより、……」と規定するが、ここで「人の身体及び財産に対する」とあるのは、「人の生命、身体又は財産に対する」に改めるべきである。

　第2条は、各号列記以外の部分が、「この条例で掲げる用語の意義は、」という表現と、第1号から第6号までの表現とが整合性に欠けるものがある。第1号を例にとると「「飼い主」とは、犬の所有者及び所有者以外の者が管理する場合にあってはその者をいう。」という規定の仕方では、「この条例で掲げる用語」の意味する「掲げる用語」が表現されない。要するに第1号の冒頭は、「「飼い主」とは」ではなくて「飼い主」でなければならないのである。そしてこの「飼い主」の次は1字分空けて、「犬の所有者及び所有者以外の者が管理する……」と文章が続くことにすべきである。以下、第6号までもすべて同様に、鈎括弧付きの用語の「鈎括弧」及び「とは、」を削るわけである。

　ところで、本条例において、第2条各号に列記するような用語の定義が必要か否かについて検討をするに、第1号の「飼い主」に関しては、この用語が第2条以降に初めて登場する第4条の表現を工夫することにより、「飼い主」の定義は不要となる。第2号の「飼い犬」の定義も同様である。第3号の「野犬」の定義は「飼い犬以外の犬及び第4条第2項に違反してけい留されていない犬をいう。」と定義しているが、ここで「飼い犬以外の犬」を「野犬」と定義することそれ自体は誤りではないが、このような定義規定の内容は極めて観念的であり本条例で規定することの意味は乏しいのである。例えば、狂犬病予防法（昭和25年法律第247号）では、犬に関して、「飼い犬」で

あるか「野犬」であるかの区別はせず、従って、また、「野犬」の定義はない。そのような区別及び「野犬」であるか否かは、この法律の目的からして意味がないからである。同法によれば、犬の飼い主は、犬を取得した日（生後90日以内の犬を取得した場合にあっては生後90日を経過した日）から30日以内に、その犬の所在地を管轄する市町村長（特別区では区長）に犬の登録を申請し、市町村長は、原簿に登録し、その所有者に犬の鑑札を交付し、犬の所有者はこの鑑札を飼い犬に着けておかなければならない（第4条）。また、飼い犬の所有者は毎年1回飼い犬について狂犬病の予防注射を受けさせる義務があり、その予防注射を受けた犬の所有者には市町村長は注射済票を交付し、飼い主は当該予防注射を受けた犬にその注射済票を着けておかなければならない（第5条）のである。このようにして、飼い犬の登録が済み、狂犬病の予防注射が済んだ犬であっても、鑑札を着けていない犬、また、注射済票が着いていない犬、とにかくこの両方が揃って着いてない犬であれば、その犬は狂犬病予防員及び捕獲人により拘留されることになるのである（第3条及び第6条）。

　従って、およそ自由勝手に動き回っている「犬」を、法令や条例でもって「飼い犬」か「野犬」かに分けて、「野犬」ならば拘束する（拘留する）と規定するとしても、その犬の外観からでは「飼い犬」か「野犬」かは判別しないのが通常である。「首輪がついている犬」であるから、「飼い犬」であるとは限らないのであり、その犬は首輪を着けたまま何年も逃走中の犬かも知れず、飼い犬に首輪を着けようとしている瞬間に逃げられて未だ日が経っていないで探索中の犬もあり得るからである。第3号は、「けい留」を定義して「飼い犬を丈夫なくさり等でつなぎ、人の身体及び財産に危害を加えることのないよう、その行動を一定範囲内に制限しておくことをいう。」と規定しているが、ここで「……を丈夫なくさり等でつなぎ、」の部分は不要である。また「人の身体及び財産」は「人の生命、身体又は財産」に改めるべきである。このようにして、「けい留」の定義は「人の生命、身体又は財産に危害をおよぼすことのないように、犬の行動を一定範囲内に制限しておくことをいう。」となる。なお、前述の狂犬病予防法では、「けい留」という用語は用いられている（第10条）が、「けい留」の定義はなされてはいない。第5号は、

「毒餌」という用語を定義しているが、この用語は、第7条で1度だけ登場するにすぎないのであり、同条の表現を工夫すれば済むことであるから、敢えて定義する必要はない。因みに、狂犬病予防法では、「毒餌」という用語は用いず、「けい留されていない犬の薬殺」という表現をしている（第18条の2）。第6号は、「捕獲箱」という用語を定義しているが、この用語も第7条において1度だけ登場するに過ぎないのだから、やはり同条の表現を工夫すれば済むことであり、敢えて定義する必要はない。因みに、狂犬病予防法においては、この「捕獲箱」に相当するものは「犬の抑留所」であり、都道府県知事は、鑑札と注射済票の両方を着けてないために抑留された犬及びけい留の命令が発せられているにかかわらず、けい留されていないため抑留された犬を収容するため「犬の抑留所」を設け、狂犬病予防員に管理させなければならないことが規定されている（第21条）。

　第3条は、格別の問題はない。

　第4条は、各号列記以外の部分中「人の身体及び財産」を「人の生命、身体又は財産」に改めるべきである。第1号は「……町に引き渡すこととしこれを捨ててはならない。」を「……町に引き渡すものとする。」に改めるべきである。なお、不用となったか否かは問わず、とにかく飼い犬を「遺棄した者は100万円以下の罰金に処する」（動物の愛護及び管理に関する法律（昭和48年法律第105号）第44条第3項）のである。第2号は、「飼い犬は、次に掲げる場合のほかは、けい留をしなければならない。」と改めるべきである。第2号イ及びニ中「人の身体及び財産」を「人の生命、身体及び財産」に改めるべきである。第3号イからハに掲げる以外の部分中「次の各号に掲げる」を「次に掲げる」に改めるべきである。ここで、「イロハニ……」とあるのは、「号」ではなくて、この「号」よりも細かな区分けを表すものであるので「号の細分」と称するのである。もっとも、一部改正法令における改正文中の柱書きに「号の細分」という表現をすることはないように思われる。とにかく、ここは第3号イ中「人の身体及び財産」を「人の生命、身体及び財産」に改めるべきである。

　第5条は、格別問題はない。

　第6条は、「町長は、飼い主が第4条第1項、第2項又は第3項に違反し

ていると認めるときは、飼い主に対し指導及び勧告等の方法で必要な措置を
とることができる。」と規定するが、第４条は「項建て」の条文ではなく「号
建て」であるから、「第４条第１項、第２項又は第３項」は「第４条第１号、
第２号又は第３号」に改めるべきである。もっとも、第１号で「……これを
捨ててはならない」、つまり「飼い犬を捨ててはならない」に違反した者に
ついては前述の動物の愛護及び管理に関する法律第44条第３項に違反して
100万円以下の罰金に処せられるのであり、同法の適用があることから、「……
これを捨ててはならない」の違反行為者に対する「指導及び勧告」はありえ
ない。

　また、第６条の条文の「見出し」が「措置命令」とあるが、法文では「指
導及び勧告等の方法で必要な措置をとることができる。」と規定するのでは、
「措置命令」を規定したことにはならない。また、仮に第６条に第２項を設
けて、そこで「措置命令」を規定することとしても、その措置命令に従わな
かった（違反した）場合の罰則を規定しないのならば意味がないのである。

　第７条は、「野犬が、人の身体又は財産」を「けい留されていない犬が、
人の生命、身体又は財産」に改めるべきである。また「通常の方法で捕獲す
ることが困難であると認めるときは、捕獲箱の設置で捕獲するほか毒餌によ
る野犬掃討を行うことができる。」と規定するが、「捕獲箱の設置」は「通常
の方法による捕獲」ではないというわけであるが、この条例の第２条第６号
の「捕獲箱」の定義によれば通常の方法による捕獲のように思われるのであ
る。従って、第７条は、「町長は、けい留されていない犬が人の生命、身体
又は財産に危害を加えることを防止するため通常の方法で捕獲することが著
しく困難な事情があると認めるときは、区域及び期間を定めて、町の職員を
してけい留されていない犬を薬殺させることができる。この場合において、
町長は、人又は飼養動物に被害を及ぼさないように、当該区域内及びその近
傍の住民に対して、けい留されていない犬を薬殺する旨を周知させなければ
ならない。」と規定すべきである。

　第８条は、「不用犬の買い上げ」について規定しているが、この点に関し
ては、動物の愛護及び管理に関する法律が次のように規定している。

（犬及び猫の引取り）

第35条　都道府県等（都道府県及び指定都市、地方自治法第252条の22第1項の中核市（以下「中核市」という。）その他政令で定める市（特別区を含む。以下同じ。）をいう。以下同じ。）は、犬又は猫の引取りをその所有者から求められたときは、これを引き取らなければならない。ただし、犬猫等販売業者から引取りを求められた場合その他第7条第4項の規定の趣旨に照らして引取りを求める相当の事由がないと認められる場合として環境省令で定める場合には、その引取りを拒否することができる。

　同法第35条の「ただし書き」に当たる場合には、本町の住民でその「飼い犬」が本町の属する都道府県により「引取り」を認められないということ、そのことを前提にして本条例第8条が「不用犬の買上げ」を規定しているのであれば、この第8条は、意義のある規定である。

　第9条は、立法例としては、次のように規定するのが一般的である。

（規則への委任）

第9条　この条例に定めるもののほか、この条例の施行に関し必要な事項は、規則で定める。

審査のポイント ☞

　仮に、条例が、法律の趣旨、目的又は内容とは同様なものではないと思われることから、当該条例は「法律の範囲内で条例を制定することができる。」という憲法第94条に矛盾抵触しないように考えられたとしても、法律の明文の規定には矛盾抵触しないが、場合によっては、法律の規定の解釈から当該条例の規定が法律に違反するものと考えられることがあり得ることに留意すべきである。本件の条例は、「狂犬病予防法（昭和25年法律第247号）」及び「動物の愛護及び管理に関する法律（昭和48年法律第105号）」の規定との重複又は矛盾抵触が有るか否かを検討すべきである。

7 岩谷町白蘭湖管理条例

（目的）

第1条　この条例は、文化財保護法（昭和25年法律第214号）並びに県文化財保護条例（昭和27年県条例第21号）により指定された文化財及び町民的財産を保存し、かつ、その活用をはかり、もって町民の郷土に対する認識を深め、文化的向上に資することを目的とする。

（用語の定義）

第2条　この条例で文化財及び町民的財産（以下「白蘭湖」という。）とは、次のものをいう。

一　白鳥の渡来地白蘭湖及び白蘭湖周辺の白鳥保護施設（国・県・文化財指定）

二　オニハス（県・文化財指定）

三　コブ白鳥

四　あやめ園

（管理）

第3条　町長は、白蘭湖の保存のため必要があると認めるときは、地域を定めて一定の行為を制限し、又は必要な施設を設けることができる。

2　町長は、必要があると認めるとき、又はその保存に当たることを適当と認める者（以下「管理責任者」という。）に対し、白蘭湖の管理の事務を委任することができる。

3　前項の場合において町長は、管理責任者に関し必要な指示をすることができる。

4　管理責任者は、この条例に基づいて発する町長の指示に従い白蘭湖を管理しなければならない。

（町民、管理者等の心構え）

第4条　町民は、町がこの条例の目的を達成するために行う措置に協力するよう努めなければならない。

2　白蘭湖の管理責任者及びその関係者は、白蘭湖が国家的財産であることを自覚し、これを公共のために大切に保存するとともに文化的活用及び日本文

化の進歩に貢献するよう努めなければならない。

（許可事項）

第5条　何人も、白蘭湖について次の行為をしようとするときは、あらかじめ町長の許可を受けなければならない。

　　一　観湖の目的をもって貸ボートの営業をしようとするとき

　　二　じゅん菜を採取しようとするとき

　　三　その他特に白蘭湖の現状に変更を及ぼす行為をしようとするとき

（使用料）

第6条　第5条に規定する事項について町長が許可したときは、別表により使用料を徴収する。ただし、町長においてその行為が公益に関するものであると認めるときは、使用料を減免することができる。

（釣魚）

第7条　白蘭湖の釣魚は、白鳥渡来の期間は許可しない。

2　釣魚は、無料とする。ただし、釣り竿による岸釣りのみとし、舟、その他これに類するもので湖中に乗り入れ、あるいはコブ白鳥の柵内で釣魚することはできない。

（保全）

第8条　白蘭湖使用の許可を受けた者及び釣魚については、常に管理責任者の指示に従い、オニハス・あやめ園・樹木の損傷・工作物・護岸の破損・コブ白鳥に危害を及ぼす行為等いやしくも白蘭湖の風致を損し、公共的精神を害することのないよう細心の注意をしなければならない。

（罰則）

第9条　町長の許可を受けないで、第5条各号の行為をした者は、5千円以下の過料に処する。

（委任）

第10条　この条例に定めるもののほか、必要な事項は町長が定める。

　　　　附　則

　この条例は、公布の日から起算して20日を経過した日から施行する。

条例クリニック☞

　この条例の「題名」は格別問題はない。

　第1条は、「白蘭湖」の名前はないが、「文化財保護法並びに県文化財保護
条例により指定された文化財と町民的財産（である白蘭湖）を保存し、かつ、
その活用をはかり、……」という条文は、大変読み難い文章であり、これは、
次のように規定し得る。

（目的）
第1条　この条例は、文化財保護法（昭和25年法律第214号）により指定され
　　た文化財であり、及び県文化財保護条例により指定された町民的財産である
　　白蘭湖の現状を維持及び保存をし、かつ、その活用を図り、もって町民の郷
　　土に対する愛着心を涵養し、町民の文化的向上に資することを目的とする。

　第2条は、各号列記以外の部分は「この条例で文化財であり、及び町民的
財産である白蘭湖とは、次の各号に掲げるものをいう。」と規定すべきである。

　次に、各号について検討するに、第1号に「（国・県・文化財指定）」とあ
るが、この括弧内の記述の意味が明確ではない。1つの解釈では、「白鳥の
渡来地白蘭湖及び白蘭湖周辺の白鳥保護施設」には「国の文化財指定」及び
「県の文化財指定」から除かれた箇所があり、また「白蘭湖周辺の白鳥保護
施設」にも同様なこれらの指定から除かれた箇所があるから、あくまでも「国
及び県の文化財指定のある白蘭湖及び白鳥保護施設」であることを明示する
意味で「（国・県・文化財指定）」という括弧書きをしたとするものであり、
他の解釈は、「白鳥の渡来地白蘭湖及び白蘭湖周辺の白鳥保護施設」はそれ
全体が「国及び県の文化財指定」がなされているのであるが、そのことを確
認的に規定するつもりで括弧書き「（国・県・文化財指定）」を付した、とす
るものである。いずれとも解釈できるのであり、原則的なことをいえば、法
文は必要最小限度の記述であるべきであり、丁寧すぎる表現は、その反面、
余計な解釈を引き起こすおそれがあるわけである。

　第2号は「オニハス」を掲げているが、これを第1号とは別に第2号に掲
げるということは第1号の「白蘭湖及び白蘭湖周辺の白鳥保護施設」に生育

する「オニハス」に限らず本町のその他の領域（水域）に生育する「オニハス」を指すようにも思われる。しかし、括弧書きで「県・文化財指定」とあり、この括弧内では「国・文化財指定」はないから第1号の「白鳥の渡来地白蘭湖及び白鳥保護施設」は国の文化財指定の範囲と県の文化財指定の範囲は、県の指定の方が広く、国の指定より広い領域に生育する「オニハス」を第2号は規定するものであろうか。

　第3号は単に「コブ白鳥」とだけ掲げている。そうであれば、第1号に掲げる「白蘭湖及び白蘭湖周辺の白鳥保護施設」に渡来している「コブ白鳥」以外の本町の他の領域（水域）に渡来している「コブ白鳥」もこの条例でいう「白蘭湖」に含まれることとなる。また、第1号では「白鳥の渡来地」、「白鳥保護施設」と表現しており、「コブ白鳥の渡来地」、「コブ白鳥保護施設」とは表現していないのにも拘わらず、なぜ、「コブ白鳥」だけを第3号に掲げているのであろうか。冬期にこの白蘭湖に渡来する冬鳥は「白鳥」と総称されるものの中の「コブ白鳥」だけが渡来するわけではなくその他の種類の白鳥も渡来するものであり、「コブ白鳥」だけをその他の種類の白鳥と区別して特別の保護を行うということの意義があるとは思われないし、そのようなことは現実には困難である。以上のような事由から、第3号は無用である。

　第4号は、「あやめ園」を掲げているが、このような普通名詞を掲げると、「◎◎あやめ園」、「◎○あやめ園」、「○○あやめ園」、「●●あやめ園」等と、およそ「あやめ園」と名が付くものがすべて含まれるおそれがある。そういうつもりであるというのならばそれは政策の妥当性の有無の問題であるが、仮に、ある特定の「あやめ園」に限る意図であるならば、このように単に「あやめ園」という一般的な表現では、その特定ができないわけである。

　以上のような問題があることから、第2号の「オニハス」及び第3号の「コブ白鳥」は第1号に掲げる「白鳥の渡来地白蘭湖及び白蘭湖周辺の白鳥保護施設」に生育する「オニハス」及び同湖及び同保護施設に渡来する「コブ白鳥」は、第1号の「白鳥渡来地白蘭湖及び白蘭湖周辺の白鳥保護施設」に包含することとし、第2条は、次のような案文にするのが無難であると考えられる。

> （定義）
> 第2条　この条例において「白蘭湖」とは、文化財保護法により文化財に指定
> 　　され、及び県文化財保護条例により県文化財に指定された白蘭湖並びに同湖
> 　　周辺の白鳥保護施設をいう。

　第3条は、「管理」という条文の「見出し」で、第1項は「町長は、白蘭湖の保存のため必要があると認めるときは、地域を定めて一定の行為を制限し、又は必要な施設を設けることができる。」と規定するが、ここで「白蘭湖の保存のため必要があるときは、地域を定めて」の記述につづいて「一定の行為を制限し、又は必要な施設を設けることができる。」と記述するのであるが、この「一定の行為を制限し、又は必要な施設を設けることができる。」は「白蘭湖の保存のため」であるわけであるが、それでは第5条の「許可事項」も同条第3号で「その他特に白蘭湖の現状に変更を及ぼす行為」が許可制であるのと比較して、第3条第1項の「一定の行為を制限し」とは、具体的にどのような行為なのか、また、ここで「制限とは」具体的には「禁止」なのか「許可制」なのか明白ではない。

　さらにいえば「又は必要な施設を設けることができる。」とは「白蘭湖の保存のために必要な施設を設けることができる。」のことと思われるが、どのような施設なのか例示をすべきである。かくして、第1項は格別必要不可欠の規定ではないのである。従って、第3条は、次のような案文が考えられる。

> （管理責任者）
> 第3条　町長は、白蘭湖の保全管理の事務に当たらせる者（以下「管理責任者」
> 　　という。）を任命し、又は委嘱するものとする。
> 2　町長は、白蘭湖の保全管理に必要な事項に関し管理責任者に指示すること
> 　　ができる。
> 3　第1項に規定する委嘱に係る管理責任者の給与その他当該保全管理事務に
> 　　要する経費については、規則で定める。

第4条第1項中「措置」は「町の措置」に改めるべきである。

　第2項中「およびその関係者」は何を指すのか意味が定かではない。また、「国家的財産」は、「文化財及び町民的財産」に改めるべきである。

　第5条は、第1号は「観湖の目的をもって」という限定は無意味であり、この箇所は削るべきである。第2号は、この湖水及び湖岸に生育する植物の採取を許可制にすることで、白蘭湖の現状を維持保存をしようとするものであるから、第2号は「じゅんさいその他の植物の採取」とすべきである。第3号は「前2号に掲げるもののほか、白蘭湖の現状に変更を及ぼすおそれのある規則で定める行為」とすべきである。

　第6条は、本文中「事項」は「行為」に改めるべきである。本条の「ただし書き」は変則的であり、第6条は、「本文・ただし書き」の関係ではなく「前段・後段」の文章構造である。従って、第6条は次のような案文が考えられる。

（使用料）

第6条　前条各号に掲げる行為について町長の許可を受けた者は、別表に定める使用料を支払わなければならない。この場合において、町長が同条に掲げる行為が公益に関する規則で定めるものに該当すると認めるときは、当該使用料相当額は減免されるものとする。

　第7条は、第1項中の「白鳥の渡来期間」という表現はこの白蘭湖では毎年一定しているのか、それともその年によって期間に変動があるのか、変動があるならば若干の幅を持たせた上で「何年何月から何年何月までの規則で定める期間」と規定すべきである。また、第2項は「本文・ただし書き」の文章構造ではない。なぜならば、ここで「ただし、」に続く規定の内容は、「ただし、」の前が「釣魚は、無料とする。」とあるから、その例外として「ただし、○○の場合は、この限りでない。」と規定すること、つまり、無料ではなく、有料としなければならない訳である。なぜならば、ただし書きは本文の例外規定でなければならないからである。しかし、第2項ただし書きは、水産動物の採捕の方法を規定してはいるが、料金については何ら定めていないのである。以上の諸点を踏まえて、本条は、次のような案文が考えられる。

（水産動物の採捕）

第7条　何人も、白鳥の渡来期間として◎年●月から○年◎月までの間の規則で定める期間において白蘭湖に生息する水産動物を採捕してはならない。

2　前項に規定する期間外における水産動物の採捕は、無料とする。

3　前項の規定による水産動物の採捕は、白蘭湖の湖岸から釣竿を用いたものでなければならない。

4　何人も、第1項の規定にかかわらず、白鳥の渡来期間以外の期間においても、白鳥の柵内に生息する水産動物の採捕をしてはならない。

第8条は、「……することのないよう細心の注意をしなければならない。」と規定し、「……してはならない。」に違反した者に対する罰則はないのだから、これはいわば「訓示規定」であり、従って、第8条の規定は「罰則の構成要件」を規定したものではないから、厳密な規定内容でなくても差し支えはない。しかし、違反者に対する罰則を欠く第8条の規定は実効性の乏しいものとなる。

第9条は「過料」を規定しているが、「過料」であるならば、「5万円以下の過料」とすべきである（地方自治法第14条第3項）。

第10条は、「規則への委任」という「見出し」で「この条例で定めるもののほかこの条例の施行に必要な事項は、規則で定める。」と規定するのが立法例としては一般的である。

最後に、第9条と第10条とは、順序を入れ替えるべきである。罰則（過料も罰則に含める。）は最後尾に置くのが立法例としては一般的なのである。

審査のポイント☞

法令（条例も同じ）において「用語の定義をする」、つまり定義規定を設けることの意義は、その法令において用いられている用語の意味が専ら専門的、技術的な分野において使われており、社会一般には知られていないものである場合、又は社会一般にも使われてはいるが、その法令の趣旨・目的からしてその用語の意味が社会一般で認識されている意味内容よりも広い意味を持つ、又は狭い意味を持つ場合、さらには、当該法令において独自の用語

を造語する必要から、その造語の意味を明確にするため、ということから、定義規定が必要なわけである。また、定義されることにより、当該法令の適用対象の範囲や、罰則の科せられる対象となる「違反行為」の範囲、限界を画することとなるため、このことからも、定義規定は重要である。

　このため、定義規定における条文の規定内容は具体的であり、明確な表現が要求されるわけである。

8 浅海市写真撮影業者に関する条例

（目的）

第1条　この条例は、写真撮影業者の行為が観光客誘致上に与える影響が極めて大きいので、その素質を向上せしめ、もって観光客接遇の向上を図ることを目的とする。

（営業要件）

第2条　浅海市天人温泉町において営業として写真撮影の行為をなす者（以下「写真撮影業者」という。）は、写真撮影業者審査委員会（以下「審査委員会」という。）の行う試験に合格し、且つ、市長の許可を受けた者でなければならない。

第2条の2　市長は、特に必要があると認めた者に限り、写真撮影業者の助手として営業のための写真撮影行為を期間を定めて許可することができる。

2　前項の許可を受けた者（以下「助手」という。）の写真撮影行為は、写真撮影業者に同行し、写真撮影業者の指示によって行為する場合に限り行うことができるものとする。この場合の助手は、特に定める腕章を付さなければならない。

3　助手がこの条例に違反したときは、市長はその許可を取り消すと共に前項の写真撮影業者にこの条例に定める処分を適用するものとする。

第2条の3　前条第1項の許可を受けた者は許可証を提示し、手数料を添えて腕章交付の申請をしなければならない。

（審査委員会）

第3条　本市に写真撮影業者の試験その他必要な事項を処理するため、審査委員会を置く。

2　審査委員会は市長を委員長とし、委員10人以内をもって組織する。

3　前項の委員は、学識経験を有する者の中から市長が委嘱する。

4　前2項に規定する事項を除く外、審査委員会についての必要な事項は市長が定める。

（欠格条項）

第4条　次の各号の一に該当する者は許可を与えない。

　一　1年以上の懲役又は禁固の刑に処せられた者で、刑の執行を終わり又は
　　刑の執行を受けることがなくなった日から6箇月を経過しないもの
　二　精神病又は伝染病の疾病にかかっているもの
　三　第12条の規定により許可を取り消された日から1年を経過しないもの
（試験及び申請手続）
第5条　試験は、次の科目について毎年4月及び10月にこれを行う。
　一　写真技術
　二　観光文化についての一般常識
　三　人物考査
2　試験を受けようとする者は、手数料を市に納付し、その領収書を添えて審
　査委員会に願いでなければならない。
（合格証の交付）
第6条　審査委員会は、前条第1項の試験に合格したものには、合格証を交付
　する。
（営業許可）
第7条　写真撮影を営もうとする者は、許可申請書に履歴書、合格証の写及び
　手数料を添えて市長に申請し、その許可を受けなければならない。
2　第2条の2第1項の許可を受けようとするものは、許可申請書に履歴書及
　び手数料を添えて写真撮影業者と連名により市長に申請しその許可を受けな
　ければならない。
3　前2項の申請があったときは、市長は審査委員会の意見に徴してこれを定
　め、許可したときは許可証を交付する。
（許可証の再交付及び書換）
第8条　許可証を亡失し、若しくは著しく毀損したとき、又は許可証の記載事
　項に変更を生じたときは、直ちに手数料を添えて市長にその再交付又は書換
　を申請しなければならない。
（手数料）
第9条　第2条の2、第5条、第7条及び前条の手数料は、次の通りとする。
　一　試験手数料　　　　　　　　　　　900円
　二　許可証交付手数料　　　　　　　　600円
　三　許可証再交付又は書換手数料　　　300円

四	腕章交付手数料	900円
五	腕章再交付手数料	600円

（許可証の携帯）

第10条　写真撮影業者は、就業中許可証を携帯し、当該吏員の請求があったときは、これを提示しなければならない。

（禁止行為）

第11条　写真撮影業者は、次の行為をしてはならない。

一　迷惑を覚えさせるような仕方で他人につきまとい、若しくは不安を覚えさせるような粗暴な言動を用いて撮影を強要すること。

二　正当な理由がなくして契約を履行しないこと。

三　酒気を帯びて営業に従事すること。

四　許可証を他人に貸与すること。

（許可の取消及び停止）

第12条　写真撮影業者が次の各号の一に該当するときは、市長は、その許可を取消し又は期日を定めて営業の停止を命ずることができる。

一　1年以上の懲役又は禁固の刑にれ処せられたとき。

二　精神病又は伝染病の疾病にかかったとき。

三　公の秩序又は善良の風俗に反したとき。

四　営業にあたって多くの業者に著しく累を及ぼしたとき。

五　その他この条例に反する行為をしたとき。

（許可証の返納）

第13条　写真撮影業者が許可を取り消され、又は廃業したときは、5日以内に許可証を返納しなければならない。

（罰則）

第14条　第2条、第10条又は前条の規定に違反した者は、これを拘留若しくは科料に処し又は拘留及び科料を併科することができる。

2　第11条の規定に違反した者は法令により刑罰を科するものを除く外、前項の例による。

第15条　この条例の施行につき必要な事項は、市長が定める。

　　　附　則

1　この条例は、平成17年4月1日から施行する。

　２　この条例の施行の際、現に写真撮影を業としている者については、この条
　　例施行後３箇月の間はこの条例により許可を受けたものとみなす。

条例クリニック☞

　この条例は「写真撮影業者に関する条例」という題名であるが、第２条の
次に、枝番号で「第２条の２」及び「第２条の３」が置かれている。この２
箇条は「枝番号」であることからこの条例の当初にはなかったわけで、その
後この条例の「一部を改正する条例」により加わった条文であるわけである。
しかも、この枝番号に規定するものは、写真撮影業者の「助手」について規
定しているのであり、そうなるとこの条例の「題名」も、正確には「写真撮
影業者及び写真撮影業者の助手に関する条例」とするか、又は「写真撮影業
者等に関する条例」とすべきではなかろうかとも思われるが、この点は後に
検討する。

　第１条は、前述のように「写真撮影業者の助手」に関する条文が加わった
ことから「写真撮影業者」を「写真撮影業者又はその助手」と改めるべきで
はないかと思われる。もっとも、この写真撮影業者の助手については、「写
真撮影業者審査会の行う試験」はなく、そうなると、この条例の題名及び第
１条にも、敢えて「写真撮影業者の助手」について触れる必要はないと考え
るべきであろうか、この点も後に検討する。

　第２条は、写真撮影業者として営業をするには写真撮影業者審査委員会の
行う試験に合格し、さらに本市の市長の許可を必要とする旨を規定している
が、このような規制を条例で定めることは、憲法第22条第１項に規定する「職
業選択の自由」（営業の自由）に抵触するおそれがある。職業の種類によっ
ては、人の生命、身体又は財産に対して重大な損害を与えるおそれのあるも
のがあり、専門的知識、技量を必要とし、そのために国家試験又は都道府県
の試験に合格すること等がその職業に就くことができる要件となっているも
のがある。例えば、医師、薬剤師、弁護士、公認会計士、税理士等を挙げる
ことができる。この点において、本件の観光客相手の「写真撮影業者」につ
いて検討するに、本条例第５条第１項に規定する試験科目に合格した者に対

して、本市が「写真撮影業者」としての営業を許可するという制度は、憲法第22条第1項に規定する「職業選択の自由（営業の自由）」に抵触する憲法違反の疑いを否定できないと考えられる。仮に、本市の写真撮影業者が撮影した本市の観光客の写真が、撮影技術拙劣のために「ピンボケ写真」であったとしても、それは写真撮影業者の債務不履行（不完全履行）に過ぎず、損害賠償責任が生ずることはあっても、被写体となった観光客の生命、身体又は財産に重大な損害を与えるわけのものではないといえる。また、希望しない観光客に無理矢理に写真撮影を強行するような行為は、刑法第223条の「強要」の罪を科せられることになるわけである。このようにして、条例第5条第1項に規定する試験に合格した者についてだけ本市の領域内において「写真撮影業」を許可制として、その許可を受けない者の写真撮影業を禁止することは前述のように憲法違反の疑いがあることから立法政策的に見ても妥当ではない。このような場合には、この条例の起案者の意思を汲んで、次のような方法が考えられるのではないか。

　それは、本市の写真撮影業者が一種の「同業者の組合」を結成して、この条例第5条第1項に規定するような「試験科目」の試験を行い、それに合格した者については、その写真撮影業者に格別の「名称」を付与することとする。例えば、「浅海観光写真撮影業者」とし、それを「腕章」に表示することとし、その反面、この試験を受けない、又は試験に合格しない者、ないしは写真撮影業者は、「浅海観光写真撮影業者」の名称、又はこれに類する名称を使用することを禁止する（違反者には罰則を科する）ということにするのである。実際には、試験に合格しない者が「腕章」等に「浅海観光写真撮影業者」又はこれに紛らわしい表示を用いることを禁止しなければならないのである。勿論、試験に合格しない、又は試験を受けない写真撮影業者が本市の領域内で観光客相手に写真撮影をすることを禁止するわけではなく、場合によっては「浅海観光写真撮影業者」ではない写真撮影業者の中には最上の映写技術を有する者が存在する場合があることも考えられるが、この「浅海観光写真撮影業者」の制度は、一定の技術水準を充たし、人物性格が健全な社会人に相応しい者であることを証明し、保証するものである。これは、工業製品について「JISマーク」を附する「日本工業規格」や、農林水産物

及びその加工品に「JASマーク」を附する「農林水産規格」の制度の「人間版」と考えることができるのではないか。

　第2条の2は、第1項が「市長は、特に必要があると認めた者に限り、写真撮影業者の助手として営業のための写真撮影行為を期間を定めて許可することができる。」と規定するが、この規定によれば、写真撮影業者は自らの意思で助手を使うことは出来ずに、市長が必要と認めた者だけを助手として市長が期間を定めて営業のための写真撮影行為の助手をすることが出来る、ということのようである。ここで「市長は、特に必要があると認めた者に限り、」とは市長の自由裁量によるのか、そうではないとすれば、どのような基準で判断するのか明確にすべきである。また、この助手を使用することのできる写真撮影業者については何らの制限はないものなのか。次に、第2項は、写真撮影業者が営業のための写真撮影を行うには市長の許可を受けた助手以外の者を使用することはできないのか。第3項は、「助手がこの条例に違反したときは、」と規定するが、これは極めて抽象的な表現であり、また、「市長はその許可を取り消すと共に前項の写真撮影業者にこの条例に定める処分を適用するものとする。」とあるが、「この条例に定める処分」とは、やはり抽象的であり、いずれも、具体的な規定がが必要である。

　第2条の3は、市長の許可を受けた「助手」の着用すべき「腕章」の交付請求と再交付請求を規定しているが、これら第2条の2及び第2条の3は写真撮影業者の「助手」についての規定であるが、なぜにこのような「助手」についてまで規制をする必要があるのか、その立法上の理由が理解し難い。一般的にいえば、写真撮影業者の写真撮影業務に関して助手を使用するしないの自由は正に「行動（営業）の自由」であり、当該「助手」が写真撮影業者の業務としての写真撮影行為を補助する行為、又はその代行する行為において不都合があればそれは正にその助手を使用する写真撮影業者の責任であり、何らの問題はないのではないか。このことは、また、どのような者を「助手」として選択し、使用するのかはひとえに当該写真撮影業者の責任の下に行われるべきものであり、市が又は市長が関与すべき事項ではないのである。要するに、第2条の2及び第2条の3は無用の規定ではなかろうか。

　第3条は、格別の問題はない。

　第4条は、各号列記以外の部分は「次の各号の一に該当する者は許可しない。」と規定するが、ここで「許可」には何ら制限はないから、この条例の起案者としては、写真撮影業者としての許可（第2条）及び助手としての許可（第2条の2第1項）をいうものと解される。ここで、第1号は「1年以上の懲役又は禁固」とあるが、この「1年以上の」は削るべきである。第2号「精神病」を欠格条項としているが、「精神病」といってもその種類、程度により千差万別であるから、一律に「精神病」を欠格条項とするのは適切さ、合理性を欠く。また「伝染病」は「感染症」に改めるべきである。第3号については、第12条の検討の結果により検討することとする。

　第5条は、単に「試験」とあるが、「写真撮影業者の試験」とすべきである。

　第6条及び第7条第1項は、許可制である以上はこの規定は格別問題はない。

　第8条は、「許可証を亡失し、……、又は許可証の記載事項に変更を生じたときは、……」と規定するところの「許可証」とは、写真撮影業を営むことを許可された者に交付された「許可証」と、写真撮影業者の「助手」の許可を認められた者の「許可証」をいうものであるが、この旨を第8条は明確に規定すべきである。

　第9条は、第2号に「許可証交付手数料」を、第3号に「許可証再交付又は書換手数料」を規定しているが、この「許可証」は、前述のように「写真撮影業者」へ交付された許可証と当該業者の「助手」へ交付された「許可証」を指すものである。そうであるとすれば、この両者への交付手数料及び再交付手数料、書換手数料が同一の価額であるのは不合理ではなかろうか。

　第10条は、「当該吏員」と規定するが、これは「当市職員」と改めるのが適当である。さらにいうならば、写真撮影業者の「助手」は「腕章を付さなければならない」と規定する（第2条の2第2項）のであるから、それ以上に写真撮影業者についてもそのことを外部から認識することができるような「標章」を付けるべきである。

　第11条は、写真撮影業者についての「禁止行為」が規定してあるが、この点「助手」についてはこのような禁止行為が規定されていない。どちらも「許可制」である以上、この点は不適切な措置である。次に、第1号であるが、

これについては、刑法（明治40年法律第45号）第223条の「強要罪」及び軽犯罪法（昭和23年法律第39号）第1条第28号の規定に該当することから、敢えて本条例に規定するまでもない。第2号は、民事上の契約違反（債務不履行）の問題であり、第3号は、写真撮影業者がその職務行為として酒気を帯びて写真撮影をすることが人の「生命又は身体に危害を及ぼす」ということになるわけではなく、せいぜいピンボケ写真が出来上がる程度であり、これは債務の不完全履行（債務不履行の一種）にすぎないわけであり、民事上の損害賠償の問題である。従って、第2号及び第3号も敢えて「禁止行為」とする必要はない。第4号は、禁止行為として掲げる必要はあるが、この第4号だけの場合には、第11条は、「写真撮影業者は、第7条第3項の規定により交付を受けた許可証を他人に貸与してはならない。」と規定すれば足りるのである。

　第12条は、写真撮影業者についてのみ「許可の取消及び停止」を規定し、「助手」については、なんら規定していない点は不都合である。この点は措くとして、各号列記について検討するに、第1号は、「1年以上の」の箇所は削るべきである。有期の懲役及び禁錮は「1月以上20年以下」であるが、これを減軽する場合においては1月未満に下げることができる（刑法第12条、第13条及び第14条第2項）が、ここではその期間は問題ではない。第2号は、「精神病」を一律に許可の取消及び停止事由にしているが、これは適切ではないと思われる。この「精神病」の種類及び病気の程度には千差万別であり、写真撮影業務に適合する種類及び程度の精神病はあり得るからである。また、第2号では「伝染病」を掲げているが、これは「感染症」に改めるべきである。感染症の予防及び感染症の患者に対する医療に関する法律（平成10年法律第114号）において、「伝染病予防法」は廃止され、同法律で規定する疾病については廃止法の中に規定されて、かつ、「伝染病」という疾病群は「感染症」という呼称に置き換えられたからである。次に、第3号は、このような抽象的な事由をもって「許可の取消及び停止」を命ずることとするのは不適切である。第4号及び第5号についてもやはり「許可の取消及び停止」のための要件としては抽象的に過ぎて不適当である。

　第13条は、写真撮影業者についてだけ、その「許可証の返納」が規定さ

れているが、同じく許可制として「許可証」が交付された、写真撮影業者の「助手」についての、当該許可証の返納に関する規定が見当たらないのは立法論としては不適切である。

第14条は、第1項は前述のように第1号から第3号までを削るとすると、第4号の「許可証を他人に貸与すること。」だけが残り、これに該当する者に第14条第1項に規定する「拘留若しくは科料に処し又は拘留及び科料を併科することができる。」わけであるが、前述のように「助手」についてはこの罰則に関する規定はないのである。

第14条第2項は、「法令により罰則を科するものを除く外、」の箇所は規定するまでもなく、これは当該法令の問題であり、本条例の関知するところではない。また、「第11条の規定に違反した者は」とあるが、前述のように第11条は第4号だけが残るわけであり、従って「許可証を他人に貸与したとき。」は、「前項の例による」のだから「拘留若しくは科料に処し又は拘留及び科料を併科することができる」というわけである。この点についても「助手」については、何ら罰則についての規定はないのである。

第15条は、かなりの手抜きした規定であり、立法例によって、次のように規定できる。

（規則への委任）
第15条　この条例に定めるもののほか、この条例の施行に関し必要な事項は規則で定める。

ところで、この条例は「罰則」を定めた規定が末尾に配置されていないが、立法例としては極めてまれなものである。従って、第14条と第15条とはその位置を交換すべきである。

さらに、本条例は「附則」で「経過規定」を設けている。このように制度の新設又は制度の改正により、不利益を被る者に対してその「既得権を保護するための経過規定を設ける立法例はしばしば見受けられるところである。しかし、本条例においてもこのような「経過規定」を設けることがこの条例を設けるに際して適切、妥当なものであろうか。

この条例の第1条は、「写真撮影業者の行為が観光客誘致上に与える影響

が極めて大きいので、その資質を向上せしめ、もって観光客接遇の向上を図ることを目的とする。」とあるわけであって、要約して、あからさまに言えば、第11条の規定（第1号）にあるように、本市の観光客に対して写真撮影業者が写真を撮影するための「被写体」になることを強要し、しつこくつきまとうような行為が目に余ることから本条例により、そのような写真撮影業者を排除しようとして、写真撮影業者の素質の向上を図るべく「許可制」及び「試験制度」を導入したわけである。ところが、この条例の附則第2項では「現に写真撮影を業としている者については、この条例施行後3箇月の間はこの条例により許可を受けたものとみなす。」と規定したのであるから、この条例施行後3箇月間は、従来のまま（審査委員会の試験に合格することなく、従ってまた市長の許可なく、）本市において写真撮影業を営むことが許されるということであり、これは立法政策的に不適切で合理性のないものと考えられる。しかし、翻って考えるに、前述のように、写真撮影業者審査委員会の試験に合格した者で市長の許可を受けた者だけが浅海市において観光客を相手として写真撮影業を営むことができるとする制度は、憲法第22条第1項に規定する「職業選択の自由（営業の自由）」に抵触するおそれがあることから、そのような制度ではなく、写真撮影業者審査委員会の試験に合格し、市長の許可を受けた者は、そのことを表示する「浅海市観光写真撮影業者」という名称の「腕章」を着けて本市において写真撮影業を営むことが出来るということであり、一方、この試験に合格しなかった者、又はこの試験を受けない者であっても、市長の許可なくして本市において写真撮影業を営むことはできるのであり、ただし、この「浅海市観光写真撮影業者」という名称又はこれに類似した名称の「腕章」を着けて写真撮影業を営むことはできない（これに違反した場合には罰則が科せられる）ということであるから、それならば、この条例の附則第2項のような「経過措置」は不要ということになる。

審査のポイント ☞

　日本国憲法は、第22条第1項において「職業選択の自由（営業の自由）」を規定しており、この点から、職業を営む者について、国又は地方公共団体

の「許可」を必要とするという制度を設けることについてはそれ相当な理由がなければならないことに配慮しなければならない。この「相当な理由」ないしは「正当な理由」としては、例えば、職業の種類によってはその業務の遂行の過程で人の生命、身体又は財産に対して重大な損害を被らせる性質のものである場合には、その職業に従事する者には、そのような重大な損害を被らせることのないような高度の専門的知識、高度の技量、あるいは経験が要求されるのであり、このような要件を充足する者であることが保証されるためには、一定の国家試験又は都道府県試験の合格が必要となること等が一般的に要請されているわけである。

　従って、ある職業に従事する者が、その職務を遂行する上で人に迷惑、不快感、ある程度の損害を与えることがあるということで、その職業を「許可制」としようとすることには慎重でなければならないのである。

9 山根沢村ネズミの天敵保護に関する条例

（目的）

第1条　ネズミの天敵を保護し、ネズミの繁殖を防止し、その被害を防除するため本条例を制定する。

（天敵の種類）

第2条　天敵の種類は、イタチ、ネコその他化学研究の結果ネズミの天敵として公表されたもので、村長の指定するものとする。

（捕殺禁止）

第3条　前条の天敵をみだりに捕獲し、又は毒餌・鉄砲等その他村長が禁止した高毒性の薬品を使用して殺傷してはならない。

（罰則）

第4条　前条に違反した者は、10万円以下の罰金に処する。

第5条　前条の罰に処する事件は、地方自治法第14条第6項の規定に基づき、国の裁判所が管轄する。

附　則

この条例は、公布の日から施行する。

条例クリニック☞

　第1条は、条文の「見出し」が「目的」とあるように、この条例の起案者は、目的規定のつもりのようであるが、それならばその「目的」が規定されなければならない。例えば、「本村の農家の経営の安定に資する」とか、「本村の農産物の生産高の維持安定に資する」というような「目的」を規定すべきである。従って、目的規定とするならば、次のような案文が考えられる。

（目的）

第1条　この条例は、ネズミの天敵を保護し、ネズミの繁殖を阻止し、その被害を防除するために必要な措置を講じ、もって本村の農家の経営の維持安定に資することを目的とする。

なお、これを「趣旨規定」とするならば、次のような案文が考えられる。

（趣旨）

第1条　この条例は、ネズミの天敵を保護し、ネズミの繁殖を阻止し、その被害を防除するために必要な措置を定めるものとする。

第2条は、「天敵の種類」を規定しているが、「イタチ」と「ネコ」を規定したのはよいとして、「その他化学研究の結果ねずみの天敵として公表されたもの……」とあるのは全くの誤りである。なぜならば、「天敵」とは、生物（動物）であり、一方、「化学」という学問は物質の合成及び分離を研究するものであり、生物を研究の対象とするものではないからである。従って、第2条は、次のような案文が考えられる。

（定義）

第2条　この条例において「ネズミの天敵」とは、イタチ、ネコその他生物学研究の結果ネズミの天敵と確認された規則で定める動物をいう。

第3条は、ネズミの天敵を保護することを規定するものであるから、その旨を規定内容とすればよいのであり、「正当な理由のない、ネズミの天敵の捕獲及びネズミの天敵の殺傷の禁止」を規定することであり、ネズミの殺傷の手段方法を規定することは全く無用なことである。従って、本条は以下のような案文になる。

（ネズミの天敵の捕獲等の禁止）

第3条　何人も、正当な理由がなく、ネズミの天敵を捕獲し、又はネズミの天敵を殺傷してはならない。

なお、「濫りに」とか、「みだりに」という表現は漢語調であることから、最近の立法例では、より平易な表現としての「正当な理由がなく」を用いている。

第4条は、罰則として「10万円以下の罰金」を規定しているが、法の改正により現在は「100万円以下の罰金」となっている。従って、本条は次のような案文になる。

（罰則）

第4条　前条の規定に違反して、ネズミの天敵を捕獲し、又はネズミの天敵を殺傷した者は、100万円以下の罰金に処する。

　第5条は、「……地方自治法第14条第6項の規定に基づき、国の裁判所が管轄する。」と規定しているが、「地方自治法第14条第6項」は同法の改正により削られた。もっとも、それとは別に「国の裁判所が管轄する」という規定の仕方は、「地方公共団体の管轄する裁判所」の存在を思わせるような誤解を受けるおそれがあり、とにかく、本条例において、裁判管轄のことにまで規定する必要はない。従って、第5条は、削るべきある。

審査のポイント ☞

　法文、条文の記述は端的に、単刀直入に、必要最小限の表現でなされるべきであり、重複する表現、比喩的、暗喩的、隠喩的、暗示的な表現とか、意味深長な表現などは厳に慎むべきである。このような要請は、法文、条文が解釈を必要とする場合とか、その解釈が一義的でなく、分かれるような場合があってはならないことを原則とするからである。もっとも、実定法たる法令（条例を含めて）の条文は、必ずしもそのようにはなっていないのが現実であるが、それは、法令の条文規定は、組織規範はともかくとして、行為規範については、その究極においては、基本的には「○○してはならない」とか、「◎◎しなければならない」と規定することにおいて限りなく厳密さが求められることから、どうしても条文の表現が周り諄いことになることが避けられないからなのである。しかし、これには法令の起案者の表現力にもよるのではあるが。

10　猪野谷町空閑地等に繁茂した雑草類の除去に関する条例

（目的）

第1条　この条例は、空閑地及び空閑地以外の土地（以下「空閑地等」という。）に繁茂した雑草等が放置されているため、悪疫若しくは火災又は犯罪の発生の原因となり、清潔な生活環境を保持することができないことにかんがみ、雑草等を除去するために必要な事項を定め、もって住民生活の安定に寄与することを目的とする。

（用語の意味）

第2条　この条例において、次の各号に掲げる用語の意義は、当該各号に定めるところによる。

一　空閑地　現に人が使用していない土地をいう。

二　空閑地以外の土地　通常人が使用している土地で、その管理の状態が空閑地に等しい土地をいう。

三　危険状態　雑草（これに類する灌木等を含む。）が繁茂し、または枯草が密集し若しくは堆積し、かつ、それがそのままで放置されているため伝染病の発生火災又は犯罪の誘発、汚物の不法投棄場所を呈する素因となるような状態をいう。

四　除去の程度　前項の危険状態となるおそれがないと認められる程度に除去した後の処理が環境衛生上適当と認められるものをいう。

（所有者等の責務）

第3条　空閑地等の所有者又は管理者（以下「所有者等」という。）は、当該空閑地等が危険状態にならないように常に務めなければならない。

（町長の指導助言）

第4条　町長は、空閑地等が危険状態にあるとき、又は危険状態になるおそれがあると認めるときは、当該所有者等に対しそれらの土地の雑草又は枯草の処置について必要な指導又は助言をすることができる。

（除草の命令）

第5条　町長は、前条に定める指導又は助言を履行しないものがあるときは、当該空閑地等の所有者等に対し、危険状態の除去に必要な措置を執るべきこ

とを命ずることができる。

2　前項の命令を受けた所有者等は、その雑草等の除去に関する処理を速やか
に履行しなければならない。

（除去の代行）

第6条　町長は、前条の命令を受けた所有者等が相当の履行期限を経過しても
当該措置若しくは処理を履行しないときは、行政代執行法（昭和23年法律第
43号）の規定を適用して代行することができる。

（委任）

第7条　この条例の施行について必要な事項は、別に規則で定める。

　　　附　　則

この条例は、公布の日から施行する。

条例クリニック☞

　第1条は、土地に繁茂した草木及び枯れた草木が土地に集積していること
が悪疫の発生、火災の発生又は延焼、犯罪の発生等の原因となることから、
これらの原因の除去の措置を講じて、住民の生活の安全を確保しようという
目的を規定するものである。そうである以上は、この繁茂する草木の種類と
か繁茂する土地の利用形態を限定する必要は全くなく、また集積する枯れた
草木の種類とか、集積する土地の利用形態を限定する必要も全くない。この
点については、第2条でも触れることとする。以上の点を踏まえると、第1
条は、次のような案文が考えられる。

（目的）

第1条　この条例は、土地に繁茂した草木又は土地に集積した枯れた草木が放
置されているために、悪疫の発生、火災の発生若しくは延焼のおそれ又は犯
罪の発生の原因となり、清潔で安全な生活環境の維持保全ができないことに
鑑み、草木等の除去のために必要な措置を講じ、もって住民生活の安全を図
ることを目的とする。

　第2条は、「空閑地」及び「空閑地以外の土地」という用語について定義
しているが、確かに、第1号に掲げる「空閑地」においては草木が繁茂する

ままに放置され、又は枯れた草木が集積するままに放置されていることが多いであろうことはその通りであるが、現に人が住んでいる宅地であっても、その住居者の趣味又は性格から、あるいは信念から、草木の繁茂するに任せて、あるいは枯れた草木が集積するままに放任している場合もあり得るのであり、そのような宅地に繁茂する草木、又は宅地に集積する枯れた草木が火災の発生又は延焼の原因にならないという保証はないわけであって、従って、第2条に掲げる「空閑地」及び「空閑地以外の土地」という用語の定義は無用である。また、第3号の「危険状態」の定義中「雑草（これに類する灌木等を含む。）」の箇所は不適当であり、単に「草木」と表現すべきである。つまり、雑草、雑木ではないものといわれる「薬草」、「植木」、「観賞用草花」、「花木類」等であってもその手入れが悪くて、繁茂するままに、あるいは枯れて集積するままに放置されるならば、これらも、いわゆる雑草と同様に悪疫の発生や火災の発生、延焼の原因となるわけである。従って、前述のように、この条例の目的から見れば、この「雑草」は「草木」に改めるべきである。さらに、第4号で「除去の程度」という用語を定義しているが、この用語は、本条の他には登場しない。従って、ここに定義する必要はない。かくして、第2条は第3号の定義だけが意味があるわけであり、第2条は以下のような案文が考えられる。

（定義）

第2条　この条例において「危険状態」とは、草木が繁茂し、又は枯れた草木が集積し、かつ、それらが放置されているため、感染症その他の悪疫の発生、火災の発生又は延焼のおそれ、犯罪の発生、汚物又は廃棄物の不法投棄の誘因となるような土地の状態をいう。

第3条は、前述の理由から「空閑地等」を「土地」に改めるべきである。

第4条は、同じく「空閑地等」を「土地」に、「土地の雑草又は枯草」を「土地に生育する草木又は土地に集積する枯れた草木」に改めるべきである。

第5条第1項は、「当該空閑地等」を「当該土地」に、「危険状態の除去に必要な措置」を「期限を定めて危険状態の除去に必要な措置」にそれぞれ改めるべきである。第5条第2項は、第1項の町長の「……危険状態の除去に

必要な措置を命ずる……」を「……期限を定めて危険状態の除去に必要な措置を命ずる……」に改めた関係で、第2項は規定する必要はなくなったわけである。以上の諸点を踏まえて、第3条から第5条までは次のような案文が考えられる。

（所有者等の責務）

第3条　土地の所有者又は管理者（以下「所有者等」という。）は、当該所有又は管理に係る土地が危険状態にならないように努めなければならない。

（町長の指導助言）

第4条　町長は、土地が危険状態にあるとき又は危険状態になるおそれがあると認められるときは、当該土地の所有者等に対し危険状態の除去について必要な指導又は助言をすることができる。

（草木等の除去命令）

第5条　町長は、前条に定める指導又は助言を履行しない所有者等に対し、期限を定めて危険状態の除去に必要な措置を執るべきことを命ずることができる。

　第6条は、同条にも規定されているように、行政代執行法（昭和22年法律第43号）があり、第5条の命令を受けた者が当該命令を履行しない（危険状態の除去）ときは、同法の適用があるから、本条は必要ではない。第6条は不要であるとしても、第5条の命令違反の者に対しては罰則を科することを規定すべきである。

　第7条は、見出しを単に「委任」と表現するのではなく、委任される法規範を明記することが最近の立法例であり、見出しを「規則への委任」とし、本条は「この条例に定めるもののほか、この条例の施行に関し必要な事項は、規則で定める。」となる。

　最後に、罰則は次のような案文が考えられる。

（罰則）

第7条　第5条に規定する町長の命令に違反して危険状態の除去に必要な措置を執らなかった者は、30万円以下の罰金に処する。

附則において「公布の日から施行する。」と規定するが、罰則を規定する条例の場合には「公布の日」と「施行の日」との間に「周知期間」を設ける必要があり、従って、例えば、次のような案文になる。

この条例は、公布の日から起算して20日を経過した日から施行する。

審査のポイント ☞

法令等において使われなくなった用語は、条例においても使用しないこと。

条例で、一定の行為を規制する場合において、その規制の手段、方法が不適切なことから、いわゆる「笊法^{ざる}」にならないように大所高所から規制手段、方法を考慮すべきである。

11　柏田村林野条例

第1条　この条例は、柏田村林野条例と称する。

（目的）

第2条　この条例は、森林、保安林、その他の原野に関する基本的事項の保続培養と、林業生産力の増進を図り、もって村土の保全と村民経済の発展に資することを目的とする。

（定義）

第3条　この条例において「森林」とは、次に掲げるものをいう。但し、主として農地又は住宅若しくはこれに準ずる土地として使用される土地及びこれらの上にある立木を除く。

　一　木竹が集団して生育している土地及びその土地の上にある立木竹

　二　前号の土地の外、木竹の集団的な生育に供されている土地

2　この条例において「森林所有者」とは権原に基づき森林の土地の上にある木竹を所有し、及び育成することができる者をいう。

3　この条例において「公有林」とは、村が森林所有者である森林及び林野法において規定された部分林である森林をいう。

4　「民有林」とは、国有林及び公有林以外の森林をいう。

第4条　本村は、森林の保続培養と森林生産力の増進を図るため、林野の取締りに関しては本条例に基づき管理する。

第5条　この条例又は規則に基づく命令の規定によって処分、手続その他の行為は、森林所有者が権限に基づき森林の立木竹の使用若しくは収益をする者又は土地の所有者若しくは占有者の承継人に対してもその効力を有する。

第6条　林野の取締地域は、森林計画に定める普通林地及びその他管内に所在する林野とする。

第7条　林野取締の適正を期すため、林木を次の通り種別する。

　一　保護木とは、ツツジ（白、赤）、ツバキ、桜、シャリンバイ、ソテツをいう。

　二　一級木とは、黒木、福木、イヌマキ、松をいう。

　三　二級木とは、伊集、椎、樫、赤木、ユス、木麻黄、思想樹をいう。

四　雑木とは、保護木、一級木、二級木以外の木をいう。

第8条　森林の保続培養を図るため、下記地区を禁伐区域と定め森林の伐採又は林産物の採取を禁ず。但し、育林上必要な周期的間伐その他村長が入林を許可した場合はこの限りでない。

一　地域森林計画に定める区域

二　制限林地内

（伐採の届出）

第9条　森林所有者は、その権原に基づき森林の立木竹の使用又は収益を有する者は、地域森林計画の対象となっている公有林及び民有林の立木竹を伐採するには、省令で定める手続きに従い、あらかじめ村長に森林所在場所、伐採面積、伐採方法、伐採令その他省令で定める事項を記載した伐採の届出を提出しなければならない。但し、下記の一に該当する場合は、この限りでない。

一　法令又はそれに基づく処分により伐採の義務のある者が、その履行として伐採する場合

（開発行為の許可）

第10条　地域森林計画の対象となっている、民有林、公有林内において、開発行為（土石又は樹木の採掘、開墾その他土地の形質を変更する行為）をしようとする者は、村長の許可を受けなければならない。但し、次の各号に該当する場合はこの限りでない。

一　国又は地方公共団体が行う場合

二　火災、風水害その他非常災害のため、必要な応急措置として行う場合

第11条　村長は、森林の有する公益的機能を維持するために必要があると認めるときは、前条の規定に違反した者若しくは同項の許可を受けて開発行為をした者に対してその開発行為の中止を命じ、又は期間を定めて復旧に必要な行為をすべき旨を命ずることができる。

（罰則）

第12条　森林において、その林産物（人工を加えたものを含む。）を窃取した者は、森林窃盗として10万円以下の罰金に処する。

第13条　森林窃盗が保安林の区域内で犯したものであるときは、10万円以下の罰金に処する。

第14条　森林窃盗の贓物を収受した者は、10万円以下の罰金に処する。

2　森林窃盗の贓物の運搬、寄蔵、故買又は牙保した者は10万円以下の罰金に処する。

第15条　公有林に放火した者は10万円以下の罰金に処する。

2　自己の森林に放火した者は10万円以下の罰金に処する。

3　前2項の場合においてもその森林が保安林であるときは10万円以下の罰金に処する。

第16条　火を失して森林を焼毀した者は10万円以下の罰金に処する。

2　火を失して自己の森林を焼毀しこれによって公共の危険を生じさせた者も前項と同様とする。

第17条　次の各号の一に該当する者は2年以下の懲役もしくは10万円の罰金に処する。

一　第10条の規定に違反して開発行為をした者

二　第11条の規定による命令に違反した者

三　保安林又は保安施設区域内の立木を伐採した者

第18条　前条各号の規定に違反して立木竹を損傷し家畜を放牧し、又は土石若しくは樹根の採掘若しくは開墾その他土地の形質を変更する行為をした者は普通林地10万円以下、保安林の場合は10万円以下の罰金に処する。

　　　附　則

この条例は、公布の日から施行する。

条例クリニック☞

　第1条は、この条例の「呼称」を規定しており、それが、この条例の「題名」と全く同一のものである。仮にこれがこの条例の「題名の略称」である場合にはともかくとして、法令（条例においても同じ）においては、敢えて一箇条を設けたうえで当該法令の「題名」を規定するという立法例は見受けられない。これは、広くいえば「法令」においては、当然自明の事項は敢えて規定しないのが原則なのである。

　第2条は、「この条例は、森林、保安林、その他の原野に関する基本的事項の保続培養と、林業生産力の増進を図り、」と規定しているが、ここで「森

林、保安林」を並べていることは問題である。なぜならば、この「保安林」という用語は、森林法（昭和26年法律第249号）が第25条から第40条までに「保安林」について規定がなされてあり、その「保安林」のことをいうのであるならば、本条例で規定する「保安林」については森林法の適用がなされるのであって、本条例の規定するところではない。そうではなくて、この条例第2条で規定する「保安林」は森林法において規定する「保安林」とは別個のものであるというのならば、この条例のまさに「定義」において、その「保安林」なるものがどのようなものかについて規定すべきなのである。

　第3条第1項に規定する「森林」の定義は、森林法第2条第1項に規定する「森林」の定義と全く同じものである。従って、本条例の対象としている「森林」もこの森林法の適用があると考えられるわけである。

　そこで、森林法を見るに、同法第4条第1項で「農林水産大臣は、政令で定めるところにより、森林・林業基本法（昭和39年法律第161号）第11条第1項の基本計画に即し、かつ、保安施設の整備の状況等を勘案して、全国の森林につき、5年ごとに、15年を一期とする全国森林計画をたてなければならない。」と規定し、これを受けて、同法第5条は、「都道府県知事は、全国森林計画に即して、森林計画区別に、その森林計画区に係る民有林（その自然的経済的社会的諸条件及びその周辺の地域における土地の利用の動向からみて、森林として利用することが相当でないと認められる民有林を除く。）につき、5年ごとに、その計画をたてる年の翌年4月1日以降10年を一期とする地域森林計画をたてなければならない。」と規定してあり、さらに、第10条の5は「市町村は、その区域内にある地域森林計画の対象となっている民有林につき、5年ごとに、当該民有林の属する森林計画区に係る地域森林計画の計画期間の始期をその計画期間の始期とし、10年を一期とする市町村森林整備計画をたてなければならない。（ただし書きは省略）」と規定している。

　以上の大変込み入った森林法の規定であるが、要するに、森林について、農林水産大臣が、①国の「全国森林計画」をたて、②この全国森林計画に即して、都道府県知事が民有林を対象とする「地域森林計画」をたて、③この地域森林計画の対象となっている民有林につき、市町村が「市町村森林整備

計画」をたてなければならない、という仕組みになっていることが規定されているわけである。なお、森林法によると、国有林以外は「民有林」と定義しており（第2条第3項）、従って、その所有者が都道府県である「都道府県林」や、その所有者が市町村である「市町村林」も、その所有者が私人である「私有林」もみなまとめて「民有林」とされるわけである。

かくして、本条例の森林の保護育成、立竹木の伐採、間伐、森林の整備等に関する規定については、森林法の各規定の方が優越するわけである。そうなると、本条例の規定は全く適用の余地はないのかと思われるが、前述の森林法第5条第1項では、同項の括弧内に「その自然的経済的社会的諸条件及びその周辺の地域における土地の利用の動向からみて、森林として利用することが相当でない民有林を除く。」と規定しており、この「除かれた民有林」については、前述の森林法第10条の5第1項で「市町村森林整備計画」の対象にならないことから、その点において、本条例の規定の適用の余地はあるのであり、本条例の存在意義があるわけである。

次に、第3条第3項中「林野法」とあるが、このような題名の法律は現在のところ存在しない。あるいはこの「林野法」とは、森林に関する法律を総称した表現のつもりなのかとも思われるが、定義規定としては極めて不適切な表現である[注①]。第4項は、「国有林及び公有林以外の森林」を「民有林」と定義しているが、これは森林法の定義とは異なるものである。前述のように森林法では、「民有林」とは、国有林以外の森林をいうと規定し、「国有林」とは国が森林所有者である森林及び国有林野の管理経営に関する法律第10条第1号に規定する分収林である森林をいうと定義しているのである（森林法第2条第3項）。おそらく、起案者は、この条例でいう「民有林」とは、私人の所有する森林であることを強調したいものと思われる。

とにかく、この条例の対象とする森林が前述の「森林法」の適用を受けるものであるならば、本村の領域内に、①国有林、②国有林以外の森林が存在すると仮定して、①及び②の中の都道府県の所有に係る森林を除き、本村及び本村の私人の所有に係る森林についてこの条例の適用される余地があるかと思われれるのである。しかし、くり返すこととなるが森林法第5条の規定する「地域森林計画」の対象となる森林である場合、同法第10条の5の規定

する「市町村森林整備計画」の適用がある場合、それはすなわち森林法の規定の適用があるのだから、この条例の適用の余地はないと考えられる。

　このような前提でもってなお検討するに、第7条は、「林木」を分類して、第1号から第4号までに掲げているが、このような林木の分類は、法的には（少なくともこの条例においては）意味がない。なぜならば、このような4つの号に分けられた「林木」について各々どのような法的措置が規定してあるのかと言えば格別何らの措置があるということではないからである。確かに、第7条各号列記以外の部分では「林野取締の適正を期すため、林木を次の通り種別する。」と規定してはいるが、しかし、これら第1号から第4号までに分類された「林木」がそれぞれどのような取締りがなされるのか等についてはこの条例は全く規定するところは見られない。従って、森林法の適用の有無は別問題としても、この条例では、第7条は無用な規定である。

　第8条は、条文の書き方としては「下記地区を」は「次の各号に掲げる地区を」に改めるべきである。

　第9条は、ただし書きが「下記の一に該当する場合は、」とあるが、1号しかない場合には、「号建て」にはしないで、第9条の本文につづけて「ただし、法令又はそれに基づく処分により伐採の義務のある者が、その義務の履行として伐採する場合は、この限りでない。」と規定するのが立法例である。

　第10条は、森林法に同様の規定がある。

　第11条は、森林法に同様の規定がある。

　第12条から第18条までは罰則の規定であるが、これについては森林法第197条以下に、これら条例の罰則規定に相当する罰則が規定されてあり、次のように、この条例に規定する罰則よりも森林法に規定する罰則の方が重いのである。

　第12条は、10万円以下の罰金であるが、森林法では、3年以下の懲役又は30万円以下の罰金である（第197条）。

　第13条は、10万円以下の罰金であるが、森林法では、5年以下の懲役又は50万円以下の罰金である（第198条）。

　第14条第1項は、10万円以下の罰金であるが、森林法では、3年以下の懲役又は30万円以下の罰金である（第201条第1項）。

　第14条第2項は、10万円以下の罰金であるが、森林法では、5年以下の懲役又は50万円以下の罰金である（第201条第2項）。

　第15条第1項は、10万円以下の罰金であるが、森林法では、2年以上の有期懲役である（第202条第1項）。

　第15条第2項は、10万円以下の罰金であるが、森林法では、6月以上7年以下の懲役である（第202条第2項）。

　第15条第3項は、10万円以下の罰金であるが、森林法では、1年以上の有期懲役である（第202条第4項）。

　第16条第1項は、10万円以下の罰金であるが、森林法では、50万円以下の罰金である（第203条第1項）。

　第16条第2項は、10万円以下の罰金であるが、森林法では、50万円以下の罰金である（第203条第2項）。

　第17条は、2年以下の懲役若しくは10万円以下の罰金であるが、森林法では、50万円以下の罰金である（第206条第1号から第3号まで）[注②]。

　第18条は、10万円以下の罰金であるが、森林法では、50万円以下の罰金である（第206条第4号）。

　以上のように、この条例の罰則規定では、「罰金刑」は総て一律に「10万円以下の罰金」と規定しているのは立法論として極めて不適切である。それよりも問題なことにはこの条例の第17条を除いては、条例の罰則は、それに相当する森林法に規定する罰則よりも軽いものであることである。このため、仮にこのような条例が施行された場合に、この村の住民等でこの条例を知ったことによって、この程度の罰則であるのならばということから敢えて、条例違反行為を犯すということが予想される。しかし、ここで明確に認識すべきことは、本条例第3条第1項で「森林」の定義を規定しており、その森林の定義は、森林法第2条第1項に規定する「森林の定義」と同じである。そして、本条例で森林についてそのような内容を定義するということは、本条例の対象とする「森林」が森林法の適用を受けるに相当する実態を有する森林であると考えるべきである。

　そうなると、本村の領域に存在する森林が、森林法第5条に規定する「その自然的経済的社会的諸条件及びその周辺の地域における土地の利用の動向

からみて、森林として利用することが相当でないと認められる民有林」であるとしても、それは、森林法第10条の5第1項に規定する「市町村森林整備計画」の対象とはならないだけであり、従って、それに関する森林法の諸規定の適用もないが、森林法第8章の罰則規定（第197条から第209条まで）は適用があるわけであり、このことは、本条例の罰則規定（第12条から第18条まで）は適用されないということなのである。とにかく罰則については、この条例ではなく、前述のように森林法が適用されるわけであるから、前述のように、条例よりも重い刑罰を科せられることとなるわけである。この場合に、当該違反者は、森林法の罰則規定の存在を知らなかったという抗弁は許されないのである。これは、「法律の錯誤」であり、また、刑法（明治40年法律第45号）第38条第3項は「法律を知らなかったとしても、そのことによって、罪を犯す意思がなかったとすることはできない。ただし、情状により、その刑を減軽することができる。」と規定しているのである。

注①　この林野法というのは「国有林野の管理経営に関する法律（昭和26年法律第246号）」のことを指しているのであろうか。

注②　条例第17条では、違反行為者に対して「2年以下の懲役」を科することを規定しているが、この条例第17条に相当する森林法第206条ではこのような自由刑（2年以下の懲役）を規定していない。従って、この条例第17条の「2年以下の懲役」の箇所は、憲法第94条の規定する「法律の範囲内で条例を制定することができる」に矛盾抵触するおそれがある。

審査のポイント ☞

　ある法律と同旨の内容を規定する条例の場合においては、その条例において規定の対象とするものが、当該法律の対象とするものでもあるのか否かを十分に検討すべきである。仮に、その条例で規定の対象とするものが当該法律の規定の対象でもある場合には、そのような条例を制定することには慎重でなければならないのである。

　用語、事柄の内容の説明を条文で規定することは、その説明だけに終始する限りにおいては不要である。

12 枇杷の木坂村観賞用樹木、草花等並びに文化財的物品等村外移出（持ち出し）禁止に関する条例

第1条　この条例は、枇杷の木坂村に生産される樹木、草花等並びに文化財的価値のある物品等を村外に移出（持ち出し）禁止に関することを定めるものとする。

第2条　この条例でいう観賞用樹木、草花等並びに文化財的価値ある物品とは次の各号に定めるものとする。

　一　樹木、草花等とは、黒木、イヌマキ、松、ソテツ、マッコー、サンシオその他で観賞用等に価値のあるもの

　二　文化財的物品とは、先祖から伝来され又は造形されて後世までも残しておくことが必要がある文化財的に価値のあるもの

2　前項に規定するもののほか、岩、石等についても本条例を適用する。

第3条　特に移出（持ち出し）を必要とするときは、その物件の採取場所、数量等を記載した許可申請書を村長に提出しなければならない。

2　前項の許可申請書を受理したときは、特に必要があると認めた物件に限り村長は許可証を交付するものとする。

第4条　前条の許可を受けた者が当該物件を移出（持ち出し）をする際は、係員に許可証を提示して確認を得なければならない。

2　係員は、村長があらかじめ定めておくものとする。

第5条　この条例に違反した者に対して、村長は、5万円以下（その違反した物件に応ずる）の罰金を科することができる。

第6条　その他必要な事項は、規則で定める。

　　　附　則

この条例は、平成23年4月1日から施行する。

条例クリニック☞

　まず、この条例の「題名」のところで「村外移出（持ち出し）」とあるが、これは「移出」について分かり易く「（持ち出し）」といい添えたものと思わ

れる。しかし、同じ意味のことを繰り返す必要はなく、「移出」が難しい表現であるというのならば「持ち出し」という表現で統一すべきである。また、「村外移出（持ち出し）禁止に関する条例」とあるが、第3条第2項及び第4条では「村外移出（持ち出し）禁止」ではなく、村長の許可であるから、そうなると、この条例の題名は、「……禁止に関する条例」ではなく、「……規制に関する条例」でなければならない。

　第1条は、「生産される樹木、草花等」とあるが、この条例は樹木、草花の産出量、出荷量等に関係することを規定するものではなく、専ら観賞用樹木、草花を対象とするものであるから、従って「生育する樹木及び草花」とすべきである。この条例は、条文に「見出し」の付いていない形式のものであるが、第1条は「趣旨規定」に相当するものであり、それならば、次のような案文が一般的である。

　第1条　この条例は、枇杷の木坂村に生育する観賞用樹木及び草花並びに文化財的価値のある物品の村外持ち出しを規制するために必要な事項を定めるものとする。

　第2条は、各号列記の形式ではなく、「項建て」にして規定すべきである。なお、この第1号は、「樹木」の種類は明らかに列挙されているが、「草花等」と規定するだけではどのような草花なのかは全く不明である。また、「その他で観賞用等に価値のあるもの」と規定するだけでは定義することの意味は全くない。第2号は「文化財的物品」ということの一般的、抽象的意味について規定をしているだけであり、問題は、この条例においてこの「文化財的物品」とは、具体的にどのようなものであるかを規定しなければ「定義」することの意義がない。

　次に、第2項は、「……岩、石等についても本条例を適用する。」と規定しているが、その意味するところが明確ではない。「本条例を適用する」ということは、おそらくは「村外持ち出しには村長の許可を要する（第3条及び第4条の適用がある）」ということであると思われる。そうなると、この村の道端にある岩とか石を1個でも村長の許可がなければ村外持ち出しはできないということになるわけである。そうなると、なぜそのような規制が必要

なのか。とにかく、この「岩、石」については、この条例の題名にも第1条にも規定がなく第2条で初めて登場するのであるが、あるいは、この条例の起案者は、この「岩、石」はどこにでもある、いわゆる岩石の類いではなく、貴石、希少石、例えば、紫水晶、瑪瑙、虎目石、猫目石、翡翠、柘榴石のようなもので、それがこの村で産出する極めて貴重なものであり、それらの存在自体が、観賞用樹木及び草花と相まって、この村の観光価値を高めるものであることを想定したものなのであろうか。そうであるならば、単に「岩、石」という表現は、間違いである。これは前述のように「希少石」とか「貴石」という表現をしなければならない。

　第3条及び第4条は格別問題はない。

　第5条は、「村長は、5万円以下（その違反した物件に応ずる）の罰金を科することができる。」と規定することは全くの誤りである。「罰金」は刑罰（財産刑）であり、これは刑事訴訟法に基づく刑事裁判により裁判所が判決を下すものであり、村長には裁判権はない。また、「（その違反した物件に応ずる）」というような「罰金」の金額の定め方は我が国の法制度にはない。しかし、これが「過料」であるならば、これは実質上は「行政処分（不利益処分）」であり、村長は「過料に処する」ことができる権限を有する（地方自治法第14条第3項、第255条の3）。おそらく、この条例の起案者は、「過料」とすべきところを「罰金」と間違えたものであろうか。

　第6条は、条文の「見出し」を付けるとすれば「規則への委任」とすべきであり、「この条例に定めるもののほか、この条例の施行に関し必要な事項は、規則で定める。」と規定するのが立法例である。

　さらに言えば、「罰則」の規定（「過料」をも含めて）は、法律（条例も同じ）の本則の末尾に置かれるのが立法例である。従って、この条例は、第5条と第6条とはその順位を入れ替えなければならない。

審査のポイント☞

　用語を定義する際の定義文には「等」をつけないこと。この「等」の代わりに「その他の規則で定めるものをいう。」という表現がある。

　同一の事項について2通りの表現をしないこと。

　地方公共団体の長（本件では村長）は、刑罰（本件では罰金）を科する権限はない。地方公共団体の長には「過料に処する権限」はある。「過料」は、刑罰ではなく「行政処分」だからである。

13　鐘尾町勤労者の身元保証等に関する条例

（目的）

第1条　この条例は、町が勤労者の身元保証をすることによって就職を容易にし、あわせて雇用の促進を図り有為な社会人として活動させることを目的とする。

（保証資格）

第2条　この条例により町が身元保証をする勤労者（以下「被保証人」という。）は、公共職業安定所及び学校の行う職業紹介により就職が可能な者で、左の各号に掲げる要件に該当するものでなければならない。

一　他に適当な身元保証をする者がないもの

二　就職後引き続き町内に本人及び家族が居住しているもの

三　この条例による身元保証を申請したもの

四　非違行為をするおそれがないと認められるもの

（雇用契約上の要件）

第3条　町長は、左の各号の一に該当する場合は、身元保証契約をしてはならない。

一　雇用契約の内容が法令に違反しているとき。

二　雇用条件が著しく低いとき。

三　その他町長が身元保証をすることが適当でないと認めるとき。

（身元保証契約内容の基準）

第4条　この条例による身元保証は、左の各号に定める基準によるものとする。

一　被保証人の故意又は重大な過失により雇用主に業務上の損害を与えた場合において、その損害について保証するものであること。

二　雇用主に対する賠償は、金銭をもってその額を定め、1契約5万円以内であること。

三　身元保証契約の期間3年以内とする。ただし、事情により1回限り2年を超えない期間において契約の更新をすることができる。

（雇用主の通知）

第5条　雇用主は、左の一に該当するときは、直ちにその事実を町長に通知し

なければならない。

一　被保証人が死亡し、若しくは退職し、又は被保証人を解雇したとき。

二　被保証人が２週間にわたって無断欠勤又は本町より転出したとき。

三　雇用主がその事業を廃業若しくは変更し、又はその名称を変更したとき。

四　被保証人に業務上不適任若しくは不誠実な事跡があるとき又は被保証人の勤務先を変更したとき。

（身元保証契約の失効）

第６条　この条例による身元保証契約は、賠償すべき損害の発生があった場合は、当該損害については賠償するが当該損害の発生があったときから将来に向かって契約の効力を失うものとする。

（身元保証契約の解除）

第７条　町長は、左の各号の一に該当する場合は、身元保証契約を解除することができる。

一　雇用主が被保証人の職務又は雇用条件を著しく変更したとき。

二　雇用主の事業内容が保証契約当時に比較して著しく変更したとき。

三　雇用主が虚偽の通知をしたとき。

四　被保証人の資格を失ったとき。

（求償）

第８条　町が雇用主に対し損害の賠償をしたときは、町はその賠償した金額の限度において被保証人に対し求償する。ただし、町長がやむを得ない事由があると認めるときは、求償額の全部又は一部を免除をすることができる。

（勤労対策協議会）

第９条　町長は、被保証人の決定、身元保証契約の解除、求償額を決定する場合、その他就労のためのある事項は、就労対策協議会に諮るものとする。

２　就労対策協議会は、次の者をもって構成する。

一　町議会代表

二　教育委員会代表

三　中学校長

四　中学校PTA会長

五　勤労者代表　若干名

六　学識経験者　若干名

（委任）

第10条　この条例について必要な事項は、町長が定める。

　　　附　則

　この条例は、公布の日から施行する。

条例クリニック☞

　第1条は、この条例の目的を規定し、それは「就職を容易にし、あわせて雇用の促進を図り有為な社会人として活動させること」とあるが、この条例の第2条以下の条文の規定内容を見ても「有為な社会人として活動させること」という点については必ずしも正確さを充たしたものとはいい難い。従って、次のような案文が穏当なところではなかろうか。

（目的）

第1条　この条例は、本町が勤労者の身元保証をするために必要な措置を定め、もって就職を容易にし、雇用の促進を図ることを目的とする。

　第2条は、条文の「見出し」が「保証資格」とあるが、これは「被保証人資格」とすべきである。また、第2条各号列記以外の部分中「この条例により」の箇所は不要である。さらに、「公共職業安定所」を「職業安定法（昭和22年法律第141号）第8条に規定する公共職業安定所」に、「左の」を「次の」にそれぞれ改めるべきである。第2号は「就職後引き続き町内に本人及び家族が居住しているもの」と規定しているが、被保証人本人にはそれでよいとしても、被保証人の家族も本町内に居住しなければならないというのでは、この条例の目的である「就職を容易にし、雇用の促進を図り」の達成には難しいものがあると思われ、立法政策的には妥当性に欠けるのではなかろうか。なぜならばこの規定では、いわゆる「出稼ぎ労働者」には「被保証人資格」はないこととなるからである。

　第3条は、条文の「見出し」が「雇用契約上の要件」としているが、これは、「雇い主」と「雇われようとする者」との間の問題であり、その雇用契約が成立した結果、あるいは、雇用契約を締結する際に、その契約内容の如

何が、当該雇い主と本町が「身元保証契約」を締結する場合の要件となるわけである。従って、第3条の条文の「見出し」は「身元保証契約の要件」とすべきである。

　次に、第3条各号列記以外の部分中「町長は、左の各号の一に該当する場合は、身元保証契約をしてはならない。」と規定するが、この身元保証契約は、「本町」と「（被保証人を雇用しようとする）雇い主」とを各当事者とする契約なのである。従って、「町長は、」を「町は、」に改めるべきである。

　この場合の「町長」は、本町を代表して「（被保証人、被雇用者となる者の）雇い主」と身元保証契約を締結するのであるが、この身元保証契約の法的効果は「本町」と「雇い主」に帰属するわけである。次に、第2号は「雇用条件が著しく低いとき。」とあるが、「著しく低い」というのでは、どの程度をいうのかが不明確であり、明確な客観的な基準が必要である。この点、例えば、「雇用条件」が、労働基準法（昭和22年法律第49号）、労働安全衛生法（昭和47年法律第57号）又は最低賃金法（昭和34年法律第137号）に違反するようなものである場合には、その「雇用条件」は法令違反であり、これは第1号の規定するところである。第3号は「その他町長が身元保証をすることが適当でないと認めるとき。」とあるが、これも抽象的な規定内容であり、どのようなことなのか具体的な例示をする必要がある。

　第4条は、「身元保証契約内容の基準」という「見出し」であるが、要するに、本町が、この条例の第2条の規定する「被保証人資格」を充足する者、これを仮にYとすると、このYが本町内の雇用主、これを仮にXとすると、当該XとYとで雇用契約を締結する際に、本町は当該雇用主となるべきXとの間で、被雇用者となるべきYのために「身元保証契約」を締結することとなるわけであり、その「身元保証契約」の内容の主要な点がこの第4条各号なわけである。本来の契約は、契約自由の原則であるから、契約（身元保証契約）内容は、本町と雇用主Xとの間（契約当事者間）の話し合いで決められるわけであるが、本件の契約は、純然たる私人間の契約ではないのであって、契約の一方の当事者は地方公共団体である町であり、町としては、身元保証契約においては、この条例第4条に規定する内容を雇用主となるべきXに対して提示するものでなければならない（この第4条各号のいずれにも違

反することはできない）のであり、他方の契約当事者であり雇用主となるべき者であるＸは、この第４条各号のいずれをも了承した上で、本町と雇用主Ｘとの間の「（Ｙのための）身元保証契約」が成立するというわけである。

　さてそこで、本町が身元保証契約として提示する具体的な内容としての第４条第１号は、被保証人の故意又は重大な過失により雇用主に業務上の損害を与えた場合において、その損害について保証する旨を規定しているが、このため「被保証人の軽過失で雇用主に損害を与えた場合」には、被害者たる雇用主は身元保証人である本町に損害賠償請求はできないわけである。ここで「重大な過失」とは、「業務上要求されるほんの僅かの注意をすればそのような損害は生じなかったのに、そのほんの少しの注意を怠ったがために損害を生じた」ということである。換言すれば、業務上の甚だしい注意義務違反の場合であって、損害の程度、度合いが重大であるか否かではないのである。しかし、このような「甚だしい注意義務違反、つまり重大な過失」による損害の発生の事案というものはあまり起こらないのであり、一般的には「軽過失」、これは、その業務を遂行する上で通常業務者に要求される注意義務を怠ったために損害が生ずる場合の方が圧倒的に多いのである。しかし、第１号では、「被保証人の故意又は重大な過失」による損害が生じた場合においての保証債務なのであり、「軽過失による損害」については、雇用主は身元保証人たる本町に対して、その損害賠償を請求できないのである。従って、被保証人である雇用人Ｙに請求するほかはないのである。これでは、雇用主としては本町と被保証人・被雇用者Ｙのための身元保証契約を締結し、Ｙを雇用したことの実益はないということになるのではなかろうか。

　次に、第２号では、仮に、被保証人である被雇用人Ｙが業務上重大な過失により雇用主に30万円の損害を与えたとして、それでは雇用主は、身元保証人たる本町にその損害額である「30万円」の請求ができるかといえば、第２号では「１契約５万円以内であること」なのである。従って、残額の25万円は被保証人たる被雇用人Ｙに請求するほかはないのである。しかし、被保証人・被雇用人Ｙが支払えることはまずあり得ない。支払える資力があるくらいなら、雇用に際して、元より身元保証契約の締結は必要がないわけである。

　次に、第３号であるが、身元保証契約の期間は、原則は「３年間」であり、

114

事情により1回限り「2年を超えない期間」の契約期間の延長が認められるということである。従って、この身元保証契約の期間は最長で5年ということになるわけであり、その期間を過ぎれば本町は、当該被保証人のための身元保証契約上の責任からは解放されるわけである。

　本町が身元保証人となって、「被保証人の就職を容易にし、雇用の促進を図る」という考え方は極めて出色なものであるが、それにしては、前述のように、この「身元保証契約」の内容は、身元保証人となる本町の財政支出を極力抑えるということに重点が置かれたものか、これでは、本町の方からの「身元保証契約の申込み」（契約の誘因）に対して相手方である雇い主の側が容易に応じるものであろうか。個人と比べて、本町の方が一般的には資力があるわけであるが、本町としても財政的に限度があり、困難な問題ではあるが、もう少し、第4条に規定する「身元保証契約の内容」が雇用主側に有益なものにすべき余地があるのではなかろうか。

　この条例は、身元保証ニ関スル法律（昭和8年法律第42号）を参考にしたようにも思われるのである。この法律は、第1条で、身元保証契約について、その契約期間を決めなかった場合には、その契約成立の日から「3年間」とし、被保証人が「商工業見習者の場合」には「5年間」と法定している。第2条では、身元保証契約に契約期間を定めるとしても、その期間は5年を超えることはできないとし、仮に、5年を超える身元保証契約を当事者間で決めたとしても、その期間は5年に短縮されるとしている。また、この身元保証契約の期間の更新はできるがその期間は5年を超えることはできない。また、この法律では、被保証人（被用者、被雇用人）に業務上不適任又は不誠実な事跡があり、身元保証人に責任が生ずるおそれがあるとき、被保証人の任務又は任地の変更のため身元保証人の責任加重、監督が困難になるときは、その使用人はそのことを身元保証人へ通知する義務があり、被保証人のこれらの通知を受けたとき、又は身元保証人がこれらの事実を知ったときは、身元保証人は当該身元保証契約を将来に向かって解除することが認められている。その他身元保証人の損害賠償の責任及び賠償金額についての裁判所の斟酌が定められている。これらの規定内容から明らかなようにこの法律は、専ら、身元保証人を保護するための法律なのであり、本条例とはその向かうと

ころが正反対なわけである。

　次に、この条例の第5条及び第7条の各号列記以外の部分中「左の各号の一に」は「次の各号のいずれかに」に改めるべきである。

　第10条は、立法例は次のように規定するものである。

（規則への委任）
　第10条　この条例に定めるもののほか、この条例の施行について必要な事項は、規則で定める。

審査のポイント☞

　条例の規定する内容が外観上類似する法令を参考にして条例を起案しようとする場合には、十分に慎重でなければならない。

　地方公共団体の権限と、地方公共団体の長の権限とを明確に認識しなければならない。

14　翡翠谷市あき地等に係る雑草等の除去に関する条例

（目的）

第1条　この条例は、あき地等の管理不良状態を解消することにより、市民の安全と良好な生活環境を確保することを目的とする。

（定義）

第2条　この条例において、次の各号に掲げる用語の意義は、それぞれ当該各号に定めるところによる。

一　あき地等　都市計画法（昭和43年法律第100号）第7条第2項に定める市街化区域内（同条第3項に定める市街化調整区域内であっても人家又は道路に隣接しているあき地等を含む。）において、現に使用していない土地及び管理状態がこれに類する土地をいう。

二　雑草等　雑草、枯草及びこれらに類するものをいう。

三　管理不良状態　雑草等が繁茂することにより、次のいずれかに該当すると認められる状態をいう。

　　ア　火災、犯罪等を誘発するおそれがあるとき。

　　イ　人の健康を害し、又は害するおそれがあるとき。

　　ウ　廃棄物の投棄を招くおそれがあるとき。

　　エ　周囲の美観を著しく損なうとき。

　　オ　その他著しく公共に反するとき。

（所有者等の責務）

第3条　あき地の所有者又は管理者（以下「所有者等」という。）は、その土地が不良状態にならないよう、常に適正に管理しなければならない。

（指導、助言及び勧告）

第4条　市長は、あき地等が管理不良状態にあるとき若しくは管理不良状態になるおそれがあると認められるときは、当該所有者等に対し、それらの土地の雑草等の措置について必要な指導、助言及び勧告をする。

（措置命令）

第5条　市長は、前条に定める指導、助言及び勧告を履行しない所有者等があるときは、その所有者等に対し、不良状態の除去に必要な措置を命ずること

　ができる。

2　前項の措置命令を受けた所有者等は、その雑草等の除去に関する処理を速やかに履行しなければならない。

（代執行）

第6条　市長は、前条の措置命令を受けた所有者等がこれを履行しないときは、行政代執行法（昭和23年法律第43号）の規定により、自ら当該あき地等の雑草を除去し、又は第三者にこれを行わせ、その費用を所有者等から徴収することができる。

（立入調査）

第7条　市長は、前3条の規定による勧告若しくは措置命令又は代執行を行うため必要があると認めるときは、職員をしてあき地等に立ち入って調査させ、又は関係人に質問させることができる。

2　前項の規定により立入調査を行う職員は、その身分を示す証票を携帯し、関係者の請求があったときは、これを呈示しなければならない。

3　関係者は、正当な理由がない限り、第1項の調査及び質問を拒んではならない。

（委任）

第8条　この条例の施行に関し必要な事項は、規則で定める。

　　　附　則

　この条例は、平成18年7月1日から施行する。

条例クリニック☞

　この条例の「題名」は、第1条及び第2条の規定の検討の後にすることとし、第1条は、「あき地等」を「土地」に、「市民の安全」は、「市民の生命、身体及び財産の安全」に改めるべきである。第2条は、第1号で「あき地等」を定義しているが「……現に使用していない土地及び土地の管理状態がこれに類する土地をいう。」と定義することからも明らかなように、「あき地」とか「あき地」でないことはこの条例の目的からすればどうでも良いことなのである。確かに、「あき地」は一般的には人の使用がなされないことから、草木が繁茂し、又は枯れた草木が集積し管理不良状態の土地である場合が多

いとはいえるが、その「あき地」の所有者によっては当該あき地の管理が行き届いている場合もあり得、また、一方では、「宅地」であってもその所有者が不精な人であり、宅地に繁茂する草木や、集積する枯れた草木を放置するような場合も見受けられるのである。要するに、「観念的な土地の使用の有無」ではなく、土地の現状が問題なのである。従って、「あき地等」の用語の定義は不要である。また、第2号の「雑草等」についても、第1条に規定するこの条例の「目的」からすれば、雑草とはいえない、薬草、観賞用草花、観賞用花木類、植木等であっても管理不行き届きになればこれらの植物は繁茂し、それが枯木枯草として集積して管理不良状態を招来するものであり、この点においては「雑草」と変わりはない。したがって、「雑草等」という用語は必要はなく、定義は不要である。第2条第3号の「管理不良状態」の定義は、「雑草等が繁茂することにより、」を「草木が繁茂し、又は枯れた草木が集積することにより、」に改めるべきである。次に、「次のいずれかに該当すると認められる状態をいう。」の「次のいずれか」として、「ア・イ・ウ・エ・オ」の5項目を掲げているが、この条例の「目的」からすれば、「ア・イ・ウ」までの3項目で十分である。「エ」については、「美観」は人それぞれに感じ方を異にするものであり、このような主観的な事項を「管理不良状態」の内容に含めることは合理的ではない。また、「オ」については「抽象的過ぎて」その意味内容が捉え難い。なお、このような場合に、「ア・イ・ウ……」でも良いのではあるが、「イ・ロ・ハ……」を用いるのが立法例である。

　以上の諸点から本条例の題名は、「翡翠谷市土地の管理に関する条例」とすべきである。

　第3条については特に問題はない。

　第4条は、「あき地等」を「土地」に、「土地の雑草等の措置」を「土地に繁茂した草木又は集積した枯れた草木の処理」に、それぞれ改めるべきである。

　第5条第1項は、措置命令を規定しているが、唯、漫然と措置命令をするのではなく、「市長は、……当該所有者等に対し、期限を定めて、不良状態の除去に必要な措置を命ずることができる。」と規定すべきである。

　第5条第2項は、所有者等に対し、このような措置命令の遵守義務を規定

するのではなく、措置命令違反に対し、罰則を規定すべきである。従って、第2項は不要である。

　第6条は、このような規定がなくても、行政代執行法（昭和23年法律第43号）の適用はあり得るのであり、従って、第6条はそのことを確認的に規定したものと考えることができる。もっとも、この第6条の規定があるとしても、行政代執行法の適用により、当該土地の所有者等が自ら「土地に繁茂した草木の処理又は集積した枯れた草木の処理をしなかった」ときは、第5条の規定による「市長の措置命令」に違反したことには変わりはないのであり、仮に、この違反行為に、この条例に罰則が規定してあるとすれば罰則の適用は免れないのである。

　第7条は、「立入調査」の規定であるが、第3項は「関係者は、正当な理由がない限り、第1項の調査及び質問を拒んではならない。」と規定するが、このような規定を設けないで、「調査及び質問を拒み」に対しては罰則を科するのが立法例である。かくして、第7条は次のような案文が立法例としては一般的である。

（立入調査）

第7条　市長は、この条例の施行に必要な限度において、その職員に、草木が繁茂し、又は集積した枯れた草木が集積していると見受けられる土地に立ち入り、当該土地の現況を調査させ、又は関係者に質問させることができる。

2　前項の規定により立入調査をする職員は、その身分を示す証明書を携帯し、関係者に提示しなければならない。

3　第1項の規定による立入調査の権限は、犯罪捜査のために認められたものと解釈してはならない。

　第8条は、「委任規定」であり、次のような案文の形が立法例である。

（規則への委任）

第8条　この条例に定めるもののほかこの条例の施行に関し必要な事項は、規則で定める。

　なお、第5条に規定する市長の措置命令に違反した者に対する罰則、及び

第７条の立入調査における調査を拒む等の行為をした者に対する罰則については、次のような案文が考えられる。

（罰則）

第９条　第５条の命令に違反した者は、30万円以下の罰金に処する。

第10条　第７条第１項の規定による調査を拒み、妨げ、若しくは忌避し、又は同項の規定による質問に対し陳述をせず、若しくは虚偽の陳述をした者は、20万円以下の罰金に処する。

第11条　法人の代表者又は法人若しくは人の代理人、使用人その他の従業者が、その法人又は人の業務に関し、第９条又は前条の違反行為をしたときは、行為者を罰するほか、その法人又は人に対しても、各本条の罰金刑を科する。

なお、案文の第７条第２項の規定中「関係者に提示しなければならない。」を「関係者の請求があったときは、これを提示しなければならない。」とする立法例もある。また、案文の第７条第３項中「解釈してはならない。」を「解してはならない。」と表現する立法例もある。

審査のポイント☞

条例に「措置命令」や「立入調査」について規定していながら、その違反者に対して罰則を規定しないことは、当該条例が実効性に欠けるものと思われる。

15 田越町荒れ地の管理の適正化に関する条例

（目的）

第1条　この条例は、町内の荒れ地を適正に管理し、もって町民の良好な生活環境を確保することを目的とする。

（定義）

第2条　この条例において、次の各号に掲げる用語の意義は、それぞれ当該各号に定めるところによる。

　一　荒れ地とは、現に人が使用していない土地及び人が使用していない土地と同様の状態にあるもの並びに資材、その他野積場で、規則で定める土地をいう。

　二　雑草等とは、雑草、枯草またはこれに類するかん木をいう。

　三　所有者等とは、荒れ地の所有者または管理者をいう。

　四　管理不良状態とは、雑草が繁茂し、かつ、それらがそのまま放置されているため、環境衛生上・防火上または防犯上周囲に迷惑を及ぼす状態をいう。

（適用範囲）

第3条　この条例の適用範囲は、規則で定める。

（管理者）

第4条　荒れ地の所有者は、別に荒れ地の維持管理者を定めたときは、規則に定めるところにより、町長に届け出なければならない。

（所有者等の責務）

第5条　荒れ地の所有者等は、当該荒れ地が管理不良状態にならないよう雑草等を除去し、常に適正な維持管理に努めなければならない。

（助言・勧告）

第6条　町長は、荒れ地が管理不良状態にあるとき、または不良状態になるおそれがあるときは、当該荒れ地の所有者等に対し、雑草等の除去または防止のために必要な助言または勧告を行うことができる。

（除去命令）

第7条　町長は、前条の規定による勧告をした場合において、その勧告を受け

た所有者等がその勧告に従わないときは、期限を定めて荒れ地の雑草等の除
　去、不良状態の改善命令をすることができる。
（立入調査）
第8条　町長は、この条例実施のため必要があると認めるときは、当該職員を
　して、荒れ地に立入調査をさせ、又は関係者に対し、必要な指導、指示若し
　くは質問させることができる。
2　前項の職員は、その身分を証明する証票を携帯し、関係人の請求があると
　きは、これを提示しなければならない。
（除去の委託）
第9条　荒れ地の所有者等は、自ら雑草等を除去することができないときは、
　これを町に委託することができる。
2　前項による委託について必要な経費は、所有者等が負担するものとする。
（委任）
第10条　この条例の施行について必要な事項は、規則で定める。
　　　附　　則
　この条例は、公布の日から施行する。

条例クリニック ☞

　第1条は、目的規定として、「荒れ地を適正に管理し、もって町民の良好
な生活環境を確保すること」を目的としているが、ここで「適正に管理し」
とは具体的にはどういうことなのかであるが、これは、第2条第4号に掲げ
る「管理不良状態」を除去することのようである。このことは、第5条、第
6条及び第7条の各規定からも伺われる。そうであれば、特に「荒れ地」に
拘泥する必要はなく、広く「土地」一般を対象とすべきであり、従って、第
1条中の「荒れ地」は、「土地」に改め、また、この条例の題名も「田越町
土地の管理の適正化に関する条例」とすべきである。
　第2条は、各号列記以外の部分が「この条例において、次の各号に掲げる
用語の意義は、それぞれ当該各号に定めるところによる。」と規定している。
ところが、第1号は「荒れ地とは、現に人が使用していない土地及び……を
いう。」と規定しており、これでは、「次に掲げる用語」は存在しないことに

なるのである。「次の各号に掲げる用語」は、「名詞形」にすべきである。従って、第1号では「荒れ地」とすべきであり、「荒れ地とは、」という表現では「次の各号に掲げる用語」ではないのである。このようにして、第2号から第4号までは、総て「◎◎とは、」とあるものをこの「とは、」を削り、その後1字分空けて用語の説明を規定するのが定義規定の「号建ての」書式である。従って、少々諄（くど）いが、以下のような案文となる。

（定義）

第2条　この条例において、次の各号に掲げる用語の意義は、それぞれ当該各号に定めるところによる。

一　荒れ地　現に人が使用していない土地及び人が使用していない土地と同様の状態にあるもの並びに資材、その他野積場で規則で定める土地をいう。

二　雑草等　雑草、枯草又はこれに類するかん木をいう。

三　所有者等　荒れ地の所有者又は管理者をいう。

四　管理不良状態　雑草が繁茂し、かつ、それがそのまま放置されているため、環境衛生上、防火上又は防犯上周囲に迷惑を及ぼす状態をいう。

定義規定のもう1つの書式には、次のような「項建て」のものがある。

（定義）

第2条　この条例において「荒れ地」とは、現に人が使用していない土地及び人が使用していない土地と同様の状態にあるもの並びに資材、その他野積場で、規則で定める土地をいう。

2　この条例において「雑草等」とは、雑草、枯草又はこれに類するかん木をいう。

3　この条例において「所有者等」とは、荒れ地の所有者又は管理者をいう。

4　この条例において「管理不良状態」とは、雑草が繁茂し、かつ、それらがそのまま放置されているため、環境衛生上、防火上又は防犯上周囲に迷惑を及ぼす状態をいう。

このようにして、定義規定の書式には、「号建て」と「項建て」の2つの方式があるが、本条例第2条は、この両方式の混合形式であり、これは立法

例としては見受けられない極めて希有なものである。

　以上は、本条例第2条の形式的な点についての批評であるが、実質的な内容面について見るに、第1号の「荒れ地」の定義はこの条例の「目的」に照らして不要である。この条例の起案者は、条例の題名に「荒れ地」としたところから、「荒れ地」の定義の必要性を意識したものとも思われるが、人が使用している土地か否か、また、どのように利用されている土地か、あるいは「宅地」か「空き地」かは問題ではない。問題は、その土地の状態が「管理不良状態」か否かということである。つまり、「人が使用している土地」、この典型的なものとしては「宅地」であるが、しかし、その宅地の住人が土地の管理には無頓着で宅地に草木が繁茂するままに放置し、又は枯れた草木が集積するままに放置している場合があり、一方では、「空き地」であってもその所有者等が適切に管理している場合があり得るのである。従って、前述したように「荒れ地」は「土地」に改めるべきであり、「荒れ地」の定義は不要となるのである。

　第2号の「雑草等」の定義は、第4号の「不良状態」という用語の定義、第5条、第6条、第7条及び第9条第1項に「雑草等」という用語が登場するために定義する必要性を感じたものと思われるが、この「雑草等」を「雑草、枯草又はこれに類するかん木をいう。」とあり、そうなると「薬草、観賞用草花、観賞用花木類、植木、高木」は含まれない訳である。確かに、「雑草」は手入れされないで放置される場合が多いかも知れないが、それ以外の草花、樹木であっても必ず適正な管理がなされるという保証はないのである。

　一方、雑草とはいえない薬草、観賞用草花、観賞用花木類、植木であっても、繁茂するままに、又はそれらの枯草、枯れ木が集積するままに放置されてあれば、その土地は「管理不良状態」となるわけである。従って、「雑草等」は「草木」と表現することで事足りるのであり、元より「草木」は定義する必要はない。また、第3号の「所有者等」は、第5条で初めて登場するのであるから、ここでの表現を工夫することで、敢えて定義する必要はない。第4号の「不良状態」の定義は、必要であるが、ここで「雑草」は「草木」に改めること、また、「……防犯上周囲に迷惑を及ぼす状態をいう。」の箇所は表現が正確ではない。以上の諸点を踏まえて、第2条は、次のような案文が

考えられる。

（定義）

第2条　この条例において「管理不良状態」とは、草木が繁茂し、又は枯れた草木が集積することにより、火災の発生又は延焼のおそれ、犯罪の発生、交通事故の原因、病害虫の繁殖による生活環境が悪化するおそれのある土地の状態をいう。

第3条は、この条例の「適用範囲」について規定するが、その「適用範囲」を「規則」に委任するという規定の仕方は適切ではない。条例で規定するのであれば、当該「条例の適用外の地域ないしは区域」を規定すべきである。例えば、「この条例は、甲地区及び乙地区には適用しない。」と規定するわけである。しかし、この条例のように、適用範囲が本町の全域ではなくて、仮に、A、B、C及びDというように限定された区域であるならば、その旨を「条例の題名」にも反映すべきである。例えば「田越町A地区、B地区、C地区及びD地区に係る土地の管理の適正化に関する条例」とするように適用区域を題名に明記することが最も適切な方法である。

第4条は、「荒れ地」を「土地」に改めること、従って「別に荒れ地の維持管理者を定めたときは、」との箇所も「別に土地の維持管理者を定めたときは」とすべきである。

第5条は、前述したことを踏まえて、「所有者等」を「土地の所有者又は管理者（以下「所有者等」という。）」に改め、かくして前述の第2条第3号の「所有者等」という用語の定義は不要となるわけである。また、「荒れ地」は「土地」に、「雑草等を除去し、」を「繁茂した草木又は集積した枯れた草木を処理し、」に、「常に適正な維持管理」を「適正な土地の維持管理」に、それぞれ改めるべきである。

第6条は、「荒れ地」を「土地」に改め、また、「雑草等の除去または防止」を「繁茂した草木又は集積した枯れた草木の処理及び土地の適切な管理」に改めることである。

第7条は、「荒れ地の雑草等の除去、不良状態の改善命令をする」とあるが、「荒れ地（土地）の雑草等（繁茂する草木又は集積する枯れた草木）の除去（処

理）、」とは、まさに「不良状態の改善」なのであり、従って、この箇所は無用な重複であり、「土地に繁茂する草木若しくは集積する枯れた草木の処理を行うことを命じる」に改めるべきである。

　第8条は、「当該職員をして、荒れ地に立入調査させ、」を「その職員に、所有者等の所有し、又は管理する土地に立ち入り、草木の繁茂の程度、又は枯れた草木の集積の状況を調査させ、」に改め第3項として、つぎのような内容の条文を加えるのが立法例である。

> 3　第1項の規定による立入調査の権限は、犯罪捜査のために認められたものと解釈してはならない。

　第9条第1項は、条文の「見出し」を「草木等の処理の委託」に、「雑草等を除去」を「繁茂する草木又は集積する枯れた草木の処理」に、それぞれ改めるべきである。

　第10条は、条文の見出しを「規則への委任」とし、「この条例に定めるもののほか、この条例の施行について必要な事項は、規則で定める。」と規定するのが立法例である。

　この条例には、第7条に規定する町長の命令に違反した者に対する罰則や、第8条に規定する立入調査を拒み、妨げ、若しくは忌避し、又は質問に対して答弁をせず、若しくは虚偽の答弁をした者に対する罰則が規定されていないのであり、これでは、町長の命令や立入調査の規定の実効性は担保されないのではなかろうか。

審査のポイント☞

　条例の適用範囲を当該条例自身に規定するとか、規則に委任することは立法例としては希有なことである。条例中に当該条例を適用すべき範囲が限定されるのであれば、当該条例の「題名」中に当該条例の適用すべき範囲を伺わせる表現をすべきである。これに対して、条例中に一定の地域等には当該条例の規定を適用しないときは、当該条例中にその旨を規定することはあり得るのである。

　地方公共団体の住民に一定の義務を課すか、又は一定の行為を規制するこ

とを内容とする条例において、違反者に罰則を科する旨の規定がないものを一概に実効性の担保のない条例ということはできないが、住民が義務を履行しないとか、行為の規制に違反しているときに、指導、助言、勧告をすることができる権限が地方公共団体に認められ、さらにその勧告等に係る事項を執行、履行しない者に対し、措置命令をすることが出来る旨を規定し、その命令に従わない者に対しては罰則が規定していない、又は指導から措置命令までをするための違反行為の実態を正確に把握するための「立入調査」の権限を認めながら立入り等を拒む者等に対する罰則が規定していない条例は、その条例の実効性に欠けるものであり、立法政策上、合理性、妥当性を欠く条例であるということになる。

16　元屋敷村家畜の放し飼い取締り条例

（目的）

第1条　この条例は、家畜の放し飼いを禁止し、農作物に対する被害防止、公衆衛生の向上を図り、住民福祉の増進に寄与することを目的とする。

（定義）

第2条　この条例でいう家畜とは、牛、馬、山羊、その他の家畜類を総称する。

（放し飼いの禁止）

第3条　家畜の飼育は、この条例の定めに従い、総て畜舎又は檻飼いとし、如何なる理由を問わず放し飼いをしてはならない。

（放し飼いの発見報告）

第4条　家畜の放し飼いを発見したもの、又は被害を受けたものは区長に報告し、区長は直ちに村長に報告しなければならない。

（捕獲）

第5条　村長は、必要があると認めた場合は、取締員を指定し、放し飼い家畜の捕獲にあたらしめなければならない。

（捕獲後の処理）

第6条　取締員は、前条の規定により家畜を捕獲したときは、所有者に引き取る旨の通知をしなければならない。

（損害の補償）

第7条　放し飼い家畜による農作物、その他の被害額については被害者の要求に応じる補償を家畜主は支払わなければならない。

2　捕獲抑留及び処置にともない、放し飼い家畜の所有者が損害を生じても、村長はその補償の責めは負わないものとする。

　　附　則

この条例は、平成24年4月1日から施行する。

条例クリニック ☞

　この条例の題名を「家畜の放し飼い取締り条例」としているが、第2条の「家畜」の定義は社会一般通念上の「家畜」の意味、内容そのものであること、

129

　また、この条例の「目的」を規定する第1条においては、「家畜の放し飼いを禁止し、農作物に対する被害防止、公衆衛生の向上を図り、住民福祉の増進に寄与することを目的とする。」と規定しているのであり、それならば「家畜」よりも、更に広い範囲の「動物」を放飼い取締りの対象とする必要があり、その意味において「飼養動物」という用語にすることの方がこの条例にとっての目的に適うのではなかろうか。この点は、後に述べることとして、条例の「題名」は「元屋敷村飼養動物の放飼い取締り条例」とすべきである。

　第1条は、「家畜の放し飼いの禁止」を規定しているが、放飼いにより農作物を食い荒らし、糞尿を垂れ流す動物は、第3条において「定義」する「家畜」には限らないのであり、「野生のイノシシ」が飼われている場合や、「サル、アライグマ、ハクビシン等」が飼われている場合において、仮に、これらが「放飼い」されることがあれば、やはり農作物を食い荒らし、糞尿を垂れ流すことは十分にあり得るわけである。従ってこれらの動物（これを「飼養動物」と称する）についても「放飼い禁止」の対象としなければ、この条例の「目的」は達成されないと考えられる。

　第2条は、「家畜」を定義して、「家畜とは、牛、馬、山羊、その他の家畜類を総称する。」と規定しており、これは、牛、馬、山羊という代表的な家畜の種類を例示した上で「その他の家畜を総称する。」と規定するだけであり、要するに「家畜とは家畜である。」というにすぎないのである。しかし、この条例の目的を考えるならば、その動物が家畜であるか否かは問題ではなく、「人に飼われている、あるいは人の所有し、占有し、又は管理する動物」が放し飼いされる、あるいは人の占有、管理から離脱することにより、農作物に対する被害を及ぼすこと又は公衆衛生上支障を生ずることを防止しようとする観点から、「放飼い取締り」の対象とする動物を規定することが必要なわけである。そうなると、かりに、「家畜」を定義するならば、前述のような「人の所有し、占有し、又は管理する動物であって、農作物に被害を及ぼす習性のあるもの、又は公衆衛生上支障を及ぼす習性のあるもの」をこの「家畜」の定義に含めるか、それとも、このような動物を含めるのならば、むしろ「家畜」という用語に拘泥せず、「家畜」よりももっと広い範囲の動物を包含する前述の「飼養動物」という用語にして、これを定義する方が良

130

いと考えられる。

　第3条は、「（飼養動物）の放し飼いの禁止」を規定し、「総て畜舎又は檻飼いとし、如何なる理由を問わず放し飼いをしてはならない。」と規定するが、ここで必要なことは「放し飼いをすること」の禁止なのであり、「放飼い禁止」をどのような方法で遵守するのかについてまで、この条例で規定する必要はない。従って「畜舎又は檻飼いとし、」とするか否かは専ら当該飼養動物の所有者等の自由に任されるべきことである。ところで、大型の飼養動物を狭苦しい空間の「畜舎」又は「檻」に閉じ込めるようなことがあれば、それは、「虐待」を行ったことに該当するおそれがあり、そうなると、動物の愛護及び管理に関する法律（昭和48年法律第105号）第44条によれば「愛護動物（これには、人が占有しているほ乳類、鳥類に属するものを含む。）」の虐待を行った者には「100万円以下の罰金」が科せられることに注意すべきである。

　以上の諸点を踏まえて、本条は、次のような案文になる。

（放飼いの禁止）
第3条　何人も、正当な理由がなく飼養動物の放飼いをしてはならない。

　第4条は、「放し飼いの発見報告」という「見出し」であるが、単に「報告義務」でよいと思われる。もっとも、この報告義務違反に対して罰則は規定されていないから、第4条の義務は「訓示規定」である。また、「区長は直ちに村長に報告しなければならない。」と規定するが、この「区長」とはどのような身分のものか明確ではない。仮にこの村の職員（地方公務員）であるならば、この区長から村長への報告は本村内部の事務処理事項であり、敢えてこの条例に規定するまでもない。

　第5条は、「村長は、必要があると認めた場合は、取締員を指定し、」と規定するが、ここで「必要があると認めた場合」と敢えて規定するまでのことがあるのか、これは、「報告」の内容によることかも知れないが、この「報告」は単に「家畜（飼養動物）の放し飼いの事実」を報告することであり、第5条に規定する「放し飼いされた動物の捕獲を必要とするか否かの判断材料になるような事実」までをも報告するものではないと思われる。従って、「必要があると認めた場合は、」の箇所は無用ではないか。かくして、第5条は、

次のような案文が考えられる。

（放飼いされた飼養動物の捕獲）

第5条　前条に規定する報告を受けた村長は、職員の中から取締員を指定し、直ちに放飼いされた飼養動物の捕獲に当たらせなければならない。

　第6条は、同条中の「家畜を捕獲したときは、所有者」を「飼養動物を捕獲したときは、直ちに当該飼養動物を所有者、占有者又は管理者」に改めるべきである。

　第7条は、「見出し」が「損害の補償」とあるが、これは不法行為による損害を塡補する「賠償」であるから、従って「見出し」は「損害の賠償」である。また、「放し飼い家畜による農作物、その他の被害額については被害者の要求に応じる補償を支払わなければならない。」と規定するが、極めて誤解される規定内容である。損害賠償制度における損害賠償額は「実損塡補」が原則であり、この条文の規定では「被害者側の要求に応じる補償」とあることから、実際の損害額以上の損害賠償請求が可能であるかのように受け取られるおそれがあり、不適切な規定内容である。また、第2項では「村長はその補償の責めは負わないものとする。」と規定するが、これは全くの誤りである。これは、村長の責任ではなく「村」が責任を負うか否かの問題なのである。第2項は、放飼いされた「家畜（飼養動物）」を「捕獲抑留及び処置」に際して本村の取締員又はその他の村の職員の職務としてなされた当該飼養動物に対する虐待その他の行為で当該動物の死亡又は当該動物の個体の傷害等により飼主等に損害を与えた場合の本村の責任について規定するものであるが、この場合に、当該取締員又は職員に故意又は過失があったときは、本村の責任は免れないのである。これは国家賠償法（昭和22年法律第125号）の適用の事案となり得るのである。従って、この第7条は必ずしも必要な規定ではない。

審査のポイント ☞

　条例の目的と、その目的を達成するための手段の適切さが常に要求されるものである。

　損害賠償と損失補償との相違について正確な理解が要求されること。

　地方公共団体側の権限とその責任及び地方公共団体の長の権限と責任について正確な理解が要求されること。

　定義に関して、「家畜」という用語を当該条例の趣旨目的に照らして広く解する必要から定義する方法と、個人又は法人の所有、占有又は管理する動物を、本来の「家畜」という用語よりもその用語自身がより広い意味を持つと考えられる「飼養動物」という用語を用いることとして、その定義をする方法とがありうる。

17 青桐市釣魚等制限条例

（目的）

第1条　この条例は、市が区画漁業権を有する鶴渡湖漁場における釣魚等（以下「釣魚」という。）の制限に関する範囲及びそれに伴う必要な事項を定めることを目的とする。

（用語の定義）

第2条　この条例において「釣魚」とは、漁業権者及び漁業従事者の職務中の場合を除くほか水産動物の採捕を目的として漁場に入ることをいう。

（漁具及び漁法）

第3条　釣魚者は、次の各号に掲げる漁具及び漁法によらなければならない。

　一　釣竿又は手釣

　二　たも網による採捕

　三　歩行徒手採捕

（釣魚水域）

第4条　釣魚者は、次に掲げる水域において水産動物を採捕してはならない。

　一　堰堤上流直線距離で左岸500メートルの地点に設置した標識と右岸300メートルの地点に設置した標識を結んだ線から堰堤に至る間の最大高水位湖岸線によって囲まれた水域

（禁止区域及び禁止期間の設定）

第5条　市長は、漁業の調整上その他の事情により必要があると認めるときは、釣魚者の立入禁止区域及び立入禁止期間を定めることができる。

2　市長は、前項の規定による立入禁止区域及び立入禁止期間を定めたときは速やかに告示しなければならない。

3　第1項の規定による立入禁止区域及び立入禁止期間が告示されたときは、当該立入禁止区域及び立入禁止期間においては釣魚をしてはならない。

（罰則）

第6条　この条例に違反した者に対しては、10万円以下の罰金又は3千円以下の過料を科することができる。

（委任）

第7条　この条例の施行に関し必要な事項は、市長が別に定める。

　　　附　則

　この条例は、公布の日から施行する。

条例クリニック☞

　この条例の題名は「釣魚等制限条例」とあるが、これは「条例の規定内容を正確に条例の題名に表現すべきである」という立法の原則に沿っているとはいい難いが、その理由については、第1条及び第2条について検討した後に述べることとする。

　第1条は、この条例の起案者は「目的規定」のつもりで「この条例は、……の制限に関する範囲及びそれに伴う必要な事項を定めることを目的とする。」と規定するのであるが、結局、何を目指しているのか、何を実現しようとするのかが明記されていないのであり、従って、これは「目的規定」ではなく、「趣旨規定」というべきものであり、それならば、以下のような案文が立法例としては一般的である。

（趣旨）

第1条　この条例は、市が区画漁業権を有する鶴渡湖漁場における水産動物の採捕の規制等に関し必要な事項を定めるものとする。

　第2条は、題名を「釣魚等制限条例」と規定した関係で、この「釣魚」の定義をせざるを得ないことになったものと思われる。しかし、この第2条のいわんとするところは、本市が区画漁業権を有する鶴渡湖漁場の「漁業権者及び漁業従事者が業務として行う操業」以外の水産動物の採捕のことを「釣魚」といい、この「釣魚」及びそれに係わる事項を合わせて「釣魚等」といい、これらについて規制するものであるから「釣魚等制限条例」という題名になったわけである。しかし、第2条の規定は、「定義規定」という形式を採ったためにこのような回りくどい表現になったわけであるが、その規定することの意味内容は、要するに、この条例は、本市が区画漁業権を有する鶴渡湖

漁場において漁業権者及び漁業従事者がその漁業権の行使として鶴渡湖に生息する水産動物を採捕する場合には適用しないというものであり、換言すれば、この条例は、レジャーとして、趣味として一般人又は観光客がこの湖において生息する水産動物を採捕する場合に適用するものである、ということである。そうなると、第2条の条文の「見出し」は「定義」というものではなく、「適用除外」として、次のような案文になるものと思われる。

（適用除外）
第2条　この条例の規定（本条を除く）は、本市が区画漁業権を有する鶴渡湖漁場において、本市の漁業権者及び漁業従事者が漁業権の行使として行う同湖に生息する水産動物の採捕については適用しない。

　第2条の次に、新しい第3条を設けて、元の条例の第3条以下を1条ずつ繰り下げるべきである。そして、新しい第3条は「鶴渡湖漁場」の定義、つまりは鶴渡湖漁場の範囲を明確にすることである。このようにして、第2条の次に新しい「第3条」を設けることとするので、以下、元の各条には「（元第3条）」という表現を付けてその規定内容について検討することとする。

　元第3条は、各号列記以外の部分中「釣魚者は、」を「何人も、」に改めるべきである。また、「次の各号に掲げる漁具及び漁法によらなければならない。」とあるのは「鶴渡湖に生息する水産動物の採捕は次の各号に掲げる漁具及び漁法によらなければならない。」と改めるべきである。

　元第4条は、条文の「見出し」を「採捕禁止水域」に改めるべきである。また、「次に掲げる水域」とあるが、第1号のみ掲げている場合には、各号列記の形式を採らないのが立法例である。また、「釣魚者は、」を「何人も、」に、「水域」を「水域において生息する水産動物を採捕してはならない。」に、それぞれ改めるべきである。

　元第5条は、第1項中「釣魚者」の記述は不要であり、第2項中「速やかに」を「直ちに」に、第3項中「釣魚をしてはならない。」を「生息する水産動物を採捕してはならない。」に、それぞれ改めるべきである。

　元第6条は、「この条例に違反した者」では漠然としており、もっと具体的に、この条例のどの規定に違反した者であるかを明記すべきである。また、

この罰則を定めた条文はこの条例の末尾に置くことが立法例である。

　元第7条は、条文の「見出し」を「規則への委任」に、「市長が別に」を「規則で」に、それぞれ改めるべきである。

　なお、この条例は「公布の日」が「施行の日」となっているが、罰則を規定していることから、「周知期間」を設けるべきである。周知期間は、「刑法の一部を改正する法律」にならえば「20日」である。

　以上の諸点を踏まえて、本条例は次のような案文が考えられる。

青桐市水産動物の採捕の規制に関する条例

（目的）

第1条　この条例は、本市が区画漁業権を有する鶴渡湖漁場に生息する水産動物の採捕に関し、必要な事項を定めるものとする。

（適用除外）

第2条　この条例の規定（本条を除く。）は、本市の漁業権者及び漁業従事者が鶴渡湖漁場において漁業権の行使として水産動物を採捕する場合には、適用しない。

（定義）

第3条　この条例において「鶴渡湖漁場」とは、本市の領域に所在する鶴渡湖及び第5条に規定する採捕禁止水域その他規則で定める水域をいう。

（漁法の制限）

第4条　何人も、次の各号に掲げる方法によらなければ、鶴渡湖漁場において生息する水産動物の採捕をしてはならない。

　一　竿釣り又は手釣りによる採捕

　二　たも網による採捕

　三　歩行徒手による採捕

（採捕禁止水域）

第5条　何人も、鶴渡湖漁場に設置されている堰堤に通ずる河川の当該堰堤から上流に向かって直線距離で左岸では500メートルの地点に設置された標識と、同河川の当該堰堤から上流に向かって直線距離で右岸では300メートルの地点に設置した標識とを結んだ直線から当該堰堤に至るまでの間の最大高水位湖岸線によって囲まれた水域（第3条、次条及び第9条において「採捕

禁止水域」という。）に生息する水産動物の採捕をしてはならない。

（特別採捕禁止期間及び特別採捕禁止水域の指定）

第6条　市長は、前条の規定にかかわらず、漁業の調整上又はその他規則の定める事情により必要があると認めるときは、期間を定めて採捕禁止水域以外の鶴渡湖漁場の水域を生息する水産動物の採捕を禁止する水域に指定することができる。

（規則への委任）

第7条　この条例に定めるもののほかこの条例の施行に関し必要な事項は、規則で定める。

（罰則）

第8条　第4条各号に掲げる漁法以外の漁法により生息する水産動物の採捕をした者は、5万円以下の過料に処する。

第9条　第5条の規定に違反して採捕禁止水域において生息する水産動物の採捕をした者は、20万円以下の罰金に処する。

第10条　第6条第1項の規定に違反して市長が指定した期間において市長が指定した水域で生息する水産動物の採捕をした者は、30万円以下の罰金に処する。

第11条　法人の代表者又は法人若しくは人の代理人、使用人その他の従業者が、その法人又は人の代理人、使用人その他の従業者が、その法人又は人の業務に関し、前3条の違反行為をしたときは、行為者を罰するほか、その法人又は人に対しても、各本条の罰則を科する。

第12条　第8条から第10条までの規定に違反して取得された物品は、市に帰属する。

　　　附　　則

この条例は、公布の日から起算して20日を経過した日から施行する。

審査のポイント☞

　条例の題名は、法令の題名と同様に、その条例の規定する内容を正確かつ明確に表現すべきであること。

　定義規定は、簡潔で、明瞭で、意味内容が理解できる程度のものでなけれ

ば定義する意味はない。

　本来「適用除外」を規定するところを定義規定でもって代替することは避けるべきである。

18 長袖町家畜類放飼防止条例

（目的）

第1条　この条例は、家畜類の放し飼いによって、他人の農作物に害を加える
　　ことを防止し食糧生産増強を図ることを目的とする。

（定義）

第2条　この条例で家畜類とは、牛馬豚山羊等の動物又は家鴨等人に馴飼せら
　　れる習性のある鳥類でその放し飼いによって農作物に害を及ぼすものをいう。

（禁止行為）

第3条　濫りに人の農作地に家畜類を放飼してはならない。

（損害賠償）

第4条　前条によって他人に損害を与えたときは、飼育者はこれを弁償しなけ
　　ればならない。

　　　　附　則

この条例は、平成19年7月1日から施行する。

条例クリニック☞

　この条例は、条文には「見出し」が付いていないが、第1条は「……こと
を目的とする。」と結んであるところから「目的規定」であることは明白で
ある。もっとも、家畜類の放し飼いを禁止することで農作物の被害を防止し、
「食糧生産増強を図ること」というのはかなり大袈裟な表現であり、適切、
かつ、正確な表現ではない。なぜならば、この条例では食糧生産増強を図る
ための措置は特に講じられてはいないのである。言うならば、家畜類の放し
飼いを禁止することにより農作物の被害を防止し、当初予定された食糧生産
高を維持確保することに「寄与する」とか、「資する」というくらいの表現
が穏当なのではなかろうか。

　第2条は、この条例において「放飼い」を禁止されている、いわゆる「家
畜類」を定義しているのであるが、それを「牛馬豚山羊等の動物」とあり、
ここで「等」を付けたために定義したことの意義が十分ではなくなるわけで

ある。なぜならば、この「等」とは、牛馬豚山羊以外の「その放飼によって農作物に害を及ぼすもの」を含むことになるわけだからであり、このため「牛馬豚山羊」はそのような動物の代表的なものの例示に過ぎないことになるのである。次に「鶏、家鴨等」とあるが、これも「等」が付いているため、これ以外にも「人に馴飼せられる習性のある鳥類」があることになり、代表的なものの例示が「鶏、家鴨」ということとなり、やはり定義規定の表現としては適切ではない。また、「鳥類」も動物であり、「鳥類」と表現するならば、「牛馬豚山羊」は「ほ乳類」と表現しなければ平仄が合わない。放し飼いを禁止することにより農作物の被害を防止するためであるならば、必ずしも「家畜類」に拘る必要はないと思われる。例えば、野生のイノシシや、アライグマ、ハクビシン、ニホンザル等を飼っている者がそれらの動物を放し飼いした場合も「その放飼によって農作物に害を及ぼすもの」といえるのである。従って、「家畜類」という用語を用いる場合には、これらの、本来「家畜」とはいえない動物を含める「家畜の定義」を規定するか、それとも「飼養動物（ペット）」という用語を用いることとして、その「飼養動物」を定義するという方法がある。なお、第2条で「人に馴飼せられる習性のある」の箇所は不要である。これは「家畜類」という用語の意味に拘った結果このような表現をしたのであろうが、ここで問題は「その放飼によって農作物に害を及ぼすもの」ということなのである。

　第3条は、「濫りに」は漢語調の表現なので最近の立法では「正当な理由がなく」を用いることになっている。また、本条は「農作地に家畜類を放飼してはならない。」という表現は不適切である。「放飼い」をした結果として人の農作地に家畜類が侵入し、農作物に被害を及ぼすこととなるから、「放飼いを禁止する」わけである。それを、「人の農作地に家畜類を放飼してはならない。」と規定するのでは、人の農作地まで家畜類を連れていってそこで家畜類を放すことを禁止するもののように受け取られることとなり、これは全く不適切な表現なわけである。

　第4条は、この様な規定がなくても、これは民法第709条から第724条にかけて規定している「不法行為制度」の問題であり、民法の規定の適用により、他人の農作物に被害を与えた家畜類の飼育者は不法行為に基づく損害賠償を

しなければならないこととなるわけである。

　以上の諸点を踏まえて、この条例は次のような案文が考えられる。

長袖町飼養動物放飼い禁止条例

（目的）
第1条　この条例は、人が所有し、占有し、又は管理する動物（以下「飼養動物」という。）の放飼いを禁止することにより農作物の被害を防止し、もって本町の農業生産高の維持安定を図ることを目的とする。

（定義）
第2条　この条例において「飼養動物」とは、放飼いをすることにより農作物に被害を及ぼすおそれのないと認められる規則で定めるものを含まないものとする。

（禁止行為）
第3条　何人も、正当な理由がなく飼養動物の放飼いをしてはならない。

（罰則）
第4条　前条の規定に違反して、正当な理由がなく飼養動物の放飼いをした者は、5万円以下の罰金に処する。

　　　附　則
この条例は、公布の日から起算して20日を経過した日から施行する。

　第2条は、飼養動物の放飼い禁止による農作物の被害防止だけで「本町の農業生産高の安定を図る」ことが十分に可能なのかは、若干の疑問であると思われるとすれば、「本町の農業生産高の維持安定に資することを目的とする。」とか、あるいは「本町における農家の経営の安定に資することを目的とする。」と規定すべきである。

　本条例の題名中「家畜類」は「飼養動物」とか「飼育動物」という用語に置き換えることができるのであり、このことは現在、我が国において「家畜」の種類が多様化してきており、外国から入ってくる動物であって、日本では家畜といえるか否か問題であるものや、また、いわゆる「ペット」とも称する動物もあるわけで、そこで、本条例の「目的」に照らしてみれば、人が、所有し、占有し、又は管理する動物であれば、それが従来からいわれる「家

畜類」であるか否かは問題ではなく、その動物の習性として放飼いの結果、他人の農作物に損害を与えるおそれがあるものでれば、当該動物の所有者、占有者又は管理者に対して一定の義務を課することが必要なわけである。

審査のポイント ☞

　社会一般で使われている用語を定義する必要がある場合とは、その用語を用いる条例の趣旨目的に照らして、社会一般で考えられている意味内容よりも「広い又は狭い」意味内容として用いる場合にその広がる範囲又は狭まる範囲がまさに定義する意味内容なわけである。本件の条例では「家畜」という社会一般に用いられている用語を社会一般通念の意味する通りに用いるのであるから、それでは、この「家畜」を定義することは不要である。

　不法行為に基づく損害賠償請求権に関する規定は民法第709条から第724条までに規定してあり、これらの規定がある以上は、条例で同旨の規定を設ける必要はない。

19　襟巻町自然生態系農業の推進に関する条例

　わが襟巻町は、国定公園襟巻照葉樹林帯・日本自然百選・日本名水百選・スターウォッチング星空の町の指定に象徴されるとおり、先人の尊い遺産である照葉樹林帯の自然生態系に育まれ限りない恵みを享受してきた。

　われわれは、この大自然の中で「本物をつくる町」「つくりの町」「有機農業の町」として、生活文化を楽しむ町づくりを営々として進めてきた。

　しかし、今日の経済社会の諸情勢は、我が国の農林業を厳しい環境に落とし入れようとしている一方、食の安全と健康を求める消費者のニーズは、日本農業に大きな期待と渇望のうねりが生じつつある。

　今や我等襟巻町憲章「自然生態系を生かして育てる町にしよう」の基本理念を更に追求し、土と農の相関関係の原点を見つめ、従来すすめてきた自然生態系の理念を忘れ近代化、合理化の名のもとにすすめられた省力的な農業の拡大に反省を加え、「化学肥料、農薬などの合成化学物質の利用を排除すること。」「本来機能すべき土などの自然生態系をとりもどすこと。」「食の安全と、健康保持、遺伝毒性を排除する農法を推進すること。」を改めて確認し、消費者に信頼される襟巻町農業を確立し、本町農業の安定的発展を期すため、本条例を制定する。

（目的）

第1条　この条例は、襟巻町憲章（平成20年5月28日制定）に掲げる「自然生態系を生かして育てる町にしよう」を基本理念とし、自然生態系農業の推進に関し基本となる事項を定めるとともに、襟巻町農業の安定的かつ長期的な振興と消費者の健康で文化的な生活を確保することを目的とする。

（定義）

第2条　この条例において、次の各号に掲げる用語の意義は、当該各号に定めるところによる。

　一　自然生態系農業　自然の摂理を尊重し、自然生態系を有効に生かした農業をいう。

　二　生産者　自然生態系農業を行うものをいう。

　三　生産物　生産者が自然生態系農業により生産した農業生産物をいう。

（町の責務）

第３条　町は、自然生態系農業の円滑な推進を図るため、基本的かつ総合的な施策を定め、これを実施するものとする。

（生産者の責務）

第４条　生産者は、自ら自然生態系農業の実践に努めるとともに、町が実施する自然生態系農業の推進のための施策に協力するものとする。

（町民の責務）

第５条　町民は、この条例の趣旨を理解するよう努めるとともに、町が実施する自然生態系農業の推進のための施策に協力するものとする。

（基本計画）

第６条　町長は、自然生態系農業の推進に関する基本計画（以下「計画」という。）を定め、これを公表しなければならない。

２　町長は、計画を定める場合には、あらかじめ、襟巻町自然生態系農業審議会（以下「審議会」という。）の意見を聴かなければならない。

（審議会）

第７条　審議会は、20人以内で組織し、町長の諮問に応じ、自然生態系農業の推進に必要な調査、審議等を行う。

２　審議会の委員は、自然生態系農業の推進に関し学識経験のある者、生産者、消費者及び関係行政機関のうちから町長が委任又は委嘱する。

３　委員の任期は、２年とする。ただし、補欠委員の任期は、前任者の残任期間とする。

４　委員は、再任されることができる。

（会長）

第８条　審議会に会長を置き、委員の互選によってこれを定める。

２　会長は、会務を総理し、審議会を代表する。

３　会長に事故があるとき、又は欠けたときは、会長があらかじめ指名する委員がその職務を代理する。

（会議）

第９条　審議会の会議は、会長が招集し、会長が議長となる。

２　審議会は、委員の過半数が出席しなければ、会議を開くことができない。

３　審議会の議事は、出席委員の過半数で決し、可否同数のときは会長の決す

るところによる。

（庶務）

第10条　審議会の庶務は、産業振興課において処理する。

（登録、検査等）

第11条　町長は、自然生態系農業の実践者として、生産者を登録するものとする。

2　前項の登録を受けようとするものは、自然生態系農業に供する農地に係る検査（以下「農地検査」という。）を受けなければならない。

3　町長は、次の各号の一に該当する場合は、登録を拒否し又は抹消し、本人に通知するものとする。

一　農地検査に合格しないとき。

二　この条例に違反する行為があるとき。

第12条　前条の登録を受けた者が、生産物を販売しようとするときは、当該生産物の管理に関する検査（以下「生産管理検査」という。）を受けたものでなければならない。

2　町長は、生産管理検査に合格したものに対して、別表に掲げる合格証票（以下「証票」という。）を交付する。

3　何人も、この条例に定めるところによらず証票を用い、又はこれに類する表示を用いてはならない。

第13条　第11条の農地検査及び前条の生産管理検査（以下この条において「検査」という。）は、襟巻町自然生態系農業検査員（以下「検査員」という。）が行う。

2　検査の基準は、審議会の意見を聴いて町長が別に定める。

3　検査員は、町の職員又は自然生態系農業に関し学識経験のある者のうちから、町長が任命又は委嘱する。

4　検査員は、その職務を行うときは、その身分を示す証明書を携帯し、関係人の請求があったときは、これを提示しなければならない。

（雑則）

第14条　この条例に定めるもののほか、この条例の施行に関し必要な事項は、規則で定める。

　　附　則
　この条例は、公布の日から施行する。ただし、第11条から第13条までの規定
は、平成25年４月１日から施行する。

条例クリニック☞

　この条例の題名は「自然生態系農業の推進に関する条例」とあり、また、
第１条でも「自然生態系農業」という用語が用いられているが、この「自然
生態系農業」の意義については第２条第１号が「自然の摂理を尊重し、自然
生態系を有効に生かした農業をいう。」と定義している。しかし、「自然の摂
理を尊重し、自然生態系を有効に生かした」という定義では「定義されるべ
き用語を用いて定義している」の感を免れない。法文において専門的な用語
を使用しなければならない場合で、このため、その専門用語の定義を規定す
るときでも、できるだけ人口に膾炙した用語の方を使用することが肝要であ
る。本件の場合には、「自然生態系農業」という用語について前述のような
難しい定義がなされているが、この条例の「前文」を見るに、第２段落で「有
機農業の町」とあり、第４段落では「化学肥料、農薬などの合成化学物質の
利用を排除すること。」「本来機能すべき土などの自然生態系をとりもどすこ
と」「食の安全と、健康保持、遺伝毒性を除去する農法を推進すること」と
いう表現が見受けられる。このような前文の内容から「自然生態系農業」と
は、「有機農業」ということであることが伺われるのである。そうであるな
らば、この条例の題名も「襟巻町有機農業の推進に関する条例」とすべきな
のである。
　第１条は、「自然生態系農業」を「有機農業」に改めること、「襟巻町憲章
（平成８年２月28日制定）」を「平成８年２月28日に制定された襟巻町憲章」
に改めるべきである。従って、第１条は、次のような案文が考えられる。

（目的）
第１条　この条例は、平成８年２月28日に制定された襟巻町憲章に掲げる「有
　機農業を生かし育てる町にしよう」を基本理念とし、有機農業の推進に関し

> 基本となる事項を定め、もって本町における有機農業に従事する農家の経営
> の安定を図り、かつ、消費者たる本町住民の健康で文化的な生活を確保する
> ことを目的とする。

　第2条は第1号から第3号にかけて用語の定義を規定しているが、これら
の用語はこの条例においては極めて不適当なものである。先ず、第1号の「自
然生態系農業」という用語は前述のような理由から不適切であり、また、仮
にこの用語を認めるとしてもその定義が「自然の摂理を尊重し、自然生態系
を有効に生かした農業をいう。」というのでは、極めて抽象的過ぎて定義と
しては不十分である。定義をするということは、当該用語が明確で具体的な
意味内容を持つものにしなければならないからである。

　第2号には「生産者」という用語を掲げて、その定義をしているが、この
「生産者」というような一般的に頻繁に使用される用語に特別な意味を持た
せるような定義をすることは前述のように非常に不適切である。なぜならば、
本来、「生産者」という一般的で、普通の意味で用いられている「用語」を
敢えてこのような「特別の意味」を与えるように定義することにより、この
条例においては、もはや一般的な意味において「生産者」という用語は使え
なくなるわけだからである。例えば、第4条は、次のように規定しているが、
ここで「生産者」とは「第2条第2号の定義」でいう「生産者」でなければ
ならないわけだからである。

> （生産者の責務）
> 第4条　生産者は、自ら自然生態系農業の実践に努めるとともに、町が実践す
> 　る自然生態系農業の推進のための施策に協力するものとする。

　しかし、この第4条は「生産者は、自ら自然生態系農業の実践に努めると
ともに、町が実施する自然生態系農業の推進のための施策に協力するものと
する。」とは実に奇妙な規定内容ということになるのである。なぜならば、
第4条の「生産者」とは、第2条第2号の定義によれば、「自然生態系農業
の実践者」そのものなのであり、「自然生態系農業の実践に努める」もので
はなく、また、「町が実施する自然生態系農業の推進のための施策に協力す

るものとする」と規定するまでもなく、既に「自然生態系農業」を行っている者なのである。おそらく、第4条の規定の立案者は、ここでの「生産者」とは「自然生態系農業を行う者」ではなく、「化学肥料及び農薬」を使用した農業を行う者を指しているのであり、そのような農業経営者である「生産者」においても、自然生態系農業の実践に努めることにする「努力義務規定」と、また、町の自然生態系農業の推進のための施策に協力するものとするように「訓示規定」を定めたものと思われる。しかし、既に、第2条第2号で「生産者」とは一般的な意味での「生産者」ではなく、「自然生態系農業の実践者」になってしまっているのであるから、前述のような立案者の意図は達せられないのである。

　第3号に掲げる「生産物」についても、このような頻度の多い用語に「特別の意味を付与するための定義」は有害無益である。これら「生産者」及び「生産物」という使用頻度の高い用語に「特別の意味を与えるための定義」をするのではなく、そのような特別の意義を有するのに相応しいような「用語」を造語する方が問題はないのであって、この場合、「生産者」を「有機農業生産者」に、「生産物」を「有機農業生産物」に、それぞれ改めるべきである。従って、第2条は、次のような案文が考えられるのである。

（定義）
第2条　この条例において、次に掲げる用語の意義は、当該各号に定めるところによる。
　一　有機農業　化学的に合成された肥料及び農薬の使用を排除すること並びに遺伝子組換え技術を用いないことを原則として、農業生産の基盤である土地の本来の機能を維持、保全しつつ行われる農業生産の方法による農業をいう。
　二　有機農業生産者　有機農業を行う生産者をいう。
　三　有機農業生産物　有機農業により生産された農業生産物をいう。

　第3条は、「自然生態系農業」を「有機農業」に改めるべきである。
　第4条は、前に述べたような理由から、次のような案文が考えられる。

（生産者の責務）

第４条　本町の農業生産者（有機農業生産者を除く。）は、自ら有機農業の実践に努めるとともに、本町が実施する有機農業の推進のための施策に協力するものとする。

第５条は、「自然生態系農業」を「有機農業」に改めるべきである。

第６条は、第１項中「自然生態系農業」を「有機農業」に改め、また、「（以下「計画」という。）」を「（以下「推進計画」という。）」に改める。第２項は、「計画」を「推進計画」に、「自然生態系」を「有機」にそれぞれ改めるべきである。

第７条は、第１項及び第２項の規定中「自然生態系」を「有機」に改めるべきである。また、第２項中「委任又は嘱託する」を「委任し、又は嘱託する」に改めるべきである。

第８条から第10条までは特に問題はない。

第11条は、第１項中「自然生態系」を「有機」に、「生産者」を「有機農業生産者」に改めること、第２項は、「自然生態系」を「有機」に、「（以下「農地検査」という。）」を「（以下次項及び第13条第１項において「有機農業用地」という。）」に、それぞれ改めるべきである。第３項は、第２号の「この条例に違反する行為があるとき。」を「……登録を拒否又は抹消し、本人に通知するものとする。」と規定するわけであるが、「この条例に違反する行為」とは具体的にどのような内容の違反行為なのかが明確ではない。従って、第２号は削除すべきである。そうなると、第１号だけが残ることになり、第３項と、新しく４項を加える。かくして、第11条は、次のような案文になると考えられる。

（登録及び検査等）

第11条　町は、有機農業を営もうとする者を有機農業生産者として登録することができる。

2　前項に規定する登録を受けようとする者は、当該有機農業を営むための土地に係る検査（以下次項及び第13条第１項において「有機農業用地検査」と

　いう。）を受けなければならない。

　3　有機農業用地検査に合格しない者は、有機農業生産者の登録を受けること
　　ができない。

　4　町長は、不正な手段により有機農業生産者の登録を受けた者の当該登録は、
　　これを抹消するものとする。

　　第12条は、「生産物」を「有機農業生産物」に、「生産管理検査」を「有
機農業生産物検査」にそれぞれ改めるべきである。従って、第12条は、次の
ような案文となる。

　第12条　有機農業生産者の登録を受けた者が、有機農業生産物を販売しようと
　　するときは、当該有機農業生産物に係る検査（次項並びに次条第１項及び第
　　２項において「有機農業生産物検査」という。）を受けなければならない。

　2　町は、有機農業生産物検査に合格した者に別表に掲げる合格証票を交付す
　　るものとする。

　3　前項に規定する合格者以外の者は、前項に規定する合格証又はこれに類似
　　する合格証の表示を用いてはならない。

　　第13条は、第１条中「第11条の」の箇所は不要であり、「農地検査」は「有
機農業用地検査」に改め、「前条の」の箇所は不要であり、「生産管理検査（以
下この条において「検査」という。）」を「有機農業生産物検査」に、「自然
生態系農業検査員」を「有機農業検査員」に、それぞれ改めるべきである。
第２項の「検査」は「有機農業検査員」に、「町長が別に」は「規則で」に、
それぞれ改める。第３項は、「検査員は、」を「第１項に規定する有機農業検
査員」に、「自然生態系農業」を「有機農業」に、「任命又は嘱託する」を「任
命し、又は委嘱する」に、それぞれ改めるべきである。かくして、第13条は
以下のような案文が考えられる。

　　（第13条第４項は「立入検査」という条文の「見出し」でもって、新たに、
　（第14条として）一箇条を設け、そこに吸収されることとなる。）

第13条　有機農業用地検査及び有機農業生産物は、襟巻町有機農業検査員が行うものとする。

2　有機農業用地検査及び有機農業生産物の検査の検査基準は、町長が、審議会の意見を聴いて別に定める。

3　第1項に規定する有機農業検査員は、町の職員又は有機農業に関し学識経験のある者のうちから、町長が任命し、又は委嘱する。

（立入検査）

第14条　町長は、この条例の施行のため必要があると認めるときは、有機農業生産者に対し、当該有機農業の営業の実情について報告若しくは資料の提出を命じ、又は有機農業検査員若しくはその職員に有機農業用地その他有機農業関連施設に立ち入り、その業務の実態を検査させ、若しくは関係者に質問させることができる。

2　前項の規定により立入検査をする有機農業検査員及びその職員は、その身分を示す証明書を携帯し、関係人の請求があったときは、これを提示しなければならない。

3　第1項の規定による立入検査の権限は、犯罪捜査のために認められたものと解してはならない。

元の第14条は、第15条となり、以下のような案文とするのが立法例である。

（規則への委任）

第15条　この条例に定めるもののほか、この条例の施行に関し必要な事項は、規則で定める。

　この条例には、違反行為に対する罰則は何ら規定されていないが、新しく第14条として「立入調査」について規定した関係上、これに違反した場合の罰則を規定することは立法例としては極めて普通のことなので、第16条として「罰則」を次のように規定する。

（罰則）

第16条　第14条第1項の規定による報告をせず、若しくは虚偽の報告をし、又は資料を提出せず、若しくは虚偽の資料を提出した者は、30万円以下の罰金に処する。

2　第14条第1項の規定に違反して、検査を拒み、妨げ、若しくは忌避した者は、30万円以下の罰金に処する。

第17条　法人の代表者又は法人若しくは人の代理人、使用人その他の従業者が、その法人又は人の業務に関し、前条の違反行為をしたときは、行為者を罰するほか、その法人又は人に対しても、前条の罰金刑を科する。

審査のポイント ☞

　極めて普通に、かつ、頻繁に使われる「用語」にその条例の趣旨目的に照らしてとはいえ、「特別な意味」を付与するために、その「用語」を定義することは極力避けるべきである。なぜならば、このような定義をすると、その「用語」は、最早、今までに使われていた意味ではなくて「特別な意味」を持つことになるので、その条例においては、その「用語」を従来の意味で用いることが出来ない、という不都合を来す事となるからである。従って、従前から頻繁に使われている「用語」に従来の意味とは異なる「特別な意味」を付与したい場合には、その「用語」に「特別な意味を付与した」ことを明示するように、その「用語」自体に「特別な修飾語」を付ける方法があり、例えば、「生産者」を「有機農業生産者」と、「生産物」を「有機農業生産物」とするようにである。

　また、条例に用いる「用語」は、特別な専門用語ではない限りは人口に膾炙した用語を使用すべきである。

20 安納町地下水採取の規制に関する条例

（目的）

第1条　この条例は、法令に特別の定めがある場合を除くほか、地下水の採取について必要な規制を行い、その適正かつ秩序ある利用を図ることにより地下水の水源を保全し、もって公共の福祉に寄与することを目的とする。

（定義）

第2条　この条例において、次の各号に掲げる用語の意義は、当該各号に定めるところによる。

一　井戸　動力を用いて地下水を採取する施設をいう。

二　ケーシング　井戸に設置する鋼管等をいう。

三　第一種指定地域　安納町における貴重な水源地域であり、その水源の保全と地下水の適正な利用を図るべき地域として別表第1に定める地域をいう。

四　第二種指定地域　特に地下水の塩水化等を防止するために、その適正な利用を図るべき地域として別表第1に定める地域をいう。

五　第三種指定地域　地下水の塩水化を防止するために、その適正な利用を図るべき地域として別表第1に定める地域をいう。

六　第四種指定地域　前号に定める地域に準じ地下水の適正な利用を図るべき地域として別表第1に定める地域をいう。

七　開発区域　宅地開発事業、中高層建築事業、建築物の建築、特定工作物の建設又は土地の区画形質の変更に係る土地の区域をいう。

（設置の規制）

第3条　第一種指定地域においては、井戸を設置してはならない。

2　第二種指定地域、第三種指定地域及び第四種指定地域において井戸を設置する場合は、ケーシングの口径、揚水機の吐出口の口径、揚水量、井戸の最深部の位置及び揚水機の吸込口の位置は、別表第2に定める基準によらなければならない。

3　1の開発区域において、2本以上の井戸を設置してはならない。

（設置の許可）

第4条　第2条第3号から第6号までに定める地域（以下「指定地域」という。）において井戸を設置しようとする者は、町長の許可を受けなければならない。ただし、公共の用に供する井戸であって、規則で定めるものを設置しようとする者については、この限りでない。

（許可の申請）

第5条　前条の許可を受けようとする者は、次に掲げる事項を記載した申請書を町長に提出しなければならない。

一　住所及び氏名又は名称（法人にあっては、事務所の所在地、名称及び代表者の氏名）

二　井戸の設置場所

三　地下水の使用目的

四　揚水設備の構造

五　揚水機の定格

六　一日当たりの最大揚水予定量及び年間揚水予定日数

七　工事着工及び工事完了予定年月日

八　工事施工者の住所及び氏名（法人にあっては、事務所の所在地、名称及び代表者の氏名）

九　その他規則で定める事項

2　前項の申請書には、規則で定める図書を添附しなければならない。

3　申請書の提出の際に工事着工者が未定の場合は、決定次第速やかに届け出なければならない。

（許可の基準等）

第6条　町長は、前条第1項の申請書を受領したときは、速やかにこれを審査し、その結果を遅滞なく申請者に通知しなければならない。

2　町長は、前条の規定による申請の内容が第3条に定める規制基準に適合しないと認められるときは、第4条の許可を与えなければならない。

3　町長は、前項の規定にかかわらず、前条の規定による申請に係る井戸により地下水を採取することが地下水の水源の保全に著しい支障を及ぼすおそれがない場合において、その井戸により地下水を採取することが不可欠かつ適

当であって、他の水源をもって代えることが著しく困難なときは、第4条の許可をすることができる。

（変更の許可）

第7条　第4条の許可を受けた者（以下「使用者」という。）が、その許可に係る申請内容のうち第5条第1項第2号から第5号までに規定する事項のいずれかを変更しようとするときは、町長の許可を受けなければならない。

（許可の条件）

第8条　第4条又は前条の許可には、条件を付することができる。

2　前項の条件は、指定地域における地下水の水源の保全又は許可に係る事項の確実な実施を図るため必要な最小限度のものに限られ、使用者に不当な義務を課すものであってはならない。

（施工の義務）

第9条　使用者は、許可事項を表示した規則で定める表示板を第4条又は第7条の許可に係る井戸の工事現場に掲示しなければならない。

2　使用者は、揚水機を取り付ける前に、規則で定めるところにより、井戸の構造等が許可の内容に適合するものであるかどうかについて、町長の確認の検査を受けなければならない。

3　使用者は、前項の確認を受けた井戸に、規則で定める確認済証を貼り付けておかなければならない。

（氏名等の変更の届出）

第10条　使用者は、その住所又は氏名若しくは名称に変更があったときは、遅滞なくその旨を町長に届け出なければならない。

（揚水機の更新の届出）

第11条　使用者は、故障、老朽化その他の理由で揚水機を更新したときは、第7条の規定が適用される場合のほか、遅滞なくその旨を町長に届け出なければならない。

（許可の承継）

第12条　第4条の許可を受けた井戸（以下「許可井戸」という。）を譲り受け、又は借り受けた者は、当該許可井戸の使用者の地位を承継する。

2　使用者について相続又は合併があったときは、相続人又は合併後存続する法人若しくは合併により設立した法人は、使用者の地位を承継する。

3　前2項の規定により使用者の地位を承継した者は、遅滞なくその旨を町長に届け出なければならない。

（廃止の届出）

第13条　使用者は、次の各号のいずれかに該当するときは、遅滞なくその旨を町長に届け出なければならない。

一　井戸により地下水を採取することを廃止したとき。

二　前号の場合のほか、井戸を廃止したとき。

（許可の失効）

第14条　使用者は、その許可井戸につき前条各号のいずれかに該当するに至ったときは、その許可井戸に係る第4条の許可は、その効力を失う。

（許可の取消し）

第15条　町長は、偽りその他不正な手段により第4条若しくは第7条の許可を受けた者、同条の許可をうけなければならない事項を許可を受けないでした者、第8条第1項の規定により許可した条件に違反した者又は第4条若しくは第7条の許可の日から1年以内に工事に着手しない者に対して、第4条又は第7条の許可を取り消すことができる。

（改善命令等）

第16条　町長は、次のいずれかに該当する者に対して、期限を定めて井戸の構造若しくは使用目的の変更を命じ、又は井戸の使用を一時停止若しくは廃止を命ずることができる。

一　第4条又は第7条の許可が取り消された者

二　第4条又は第7条の許可を受けないで井戸を設置した者

三　第9条第2項の確認の検査を受けないで揚水機を取り付けた者

2　前項の規定による命令を受けた者が、その命令に基づき改善の措置を執ったときは、その改善措置を執った日から10日以内に、規則で定めるところにより、その旨を町長に報告しなければならない。

3　町長は、地下水の適正な利用を図るため、井戸の改善等に関する指導又は助言勧告をすることができる。

（使用者に対する緊急措置）

第17条　町長は、地下水の採取によるその枯渇、水位低下又は塩水化等予想できなかった特別の事情の発生により、地下水の水源の保全を図るため緊急の

　　必要があると認めるときは、使用者に対し、相当の期間を定めて、許可井戸
　　による地下水の採取を制限すべき旨を命ずることができる。

（報告の徴取）

第18条　町長は、この条例の施行に必要な限度において、使用者に対し、許可
　　井戸の揚水量、水位、水質等の状況に報告をさせることができる。

（立入検査）

第19条　町長は、この条例の施行に必要な限度において、当該職員に許可井戸
　　の設置場所に立ち入り、許可井戸その他の物件を検査させることができる。

2　前項の規定により立入検査をする職員は、その身分を示す証明書を携帯し、
　　関係人に提示しなければならない。

（地下水対策委員会）

第20条　町長の諮問に応じ、地下水の採取に関する事項を調査審議する機関と
　　して、安納町地下水対策委員会（以下「委員会」という。）を置く。

2　委員会の組織及び運営に関し必要な事項は、規則で定める。

（委員会の意見聴取）

第21条　町長は、第6条第3項、第16条第1項又は第17条の規定による処分を
　　しようとするときは、委員会の意見を聴かなければならない。

（規則への委任）

第22条　この条例に定めるもののほか、必要な事項は規則で定める。

（罰則）

第23条　次の各号のいずれかに該当する者は、3万円以下の罰金に処する。

　一　第4条又は第7条の許可を受けないで井戸を設置した者

　二　第11条又は第13条の規定による届出をせず、又は虚偽の届出をした者

　三　第16条第1項又は第17条の規定による命令に違反した者

　四　第19条第1項の規定による立入検査を正当な理由なく拒み、妨げ、又は
　　　忌避した者

（両罰規定）

第24条　法人の代表者又は法人若しくは人の代理人、使用人その他の従業者が、
　　その法人又は人の業務に関し、前条の違反行為をしたときは、行為者を罰す
　　るほか、その法人又は人に対して前条の罰金刑を科する。

　　附　則
　この条例は、公布の日から起算して三月を経過しない規則で定める日から施行する。

条例クリニック ☞

　この条例の「題名」及び第１条については格別の問題はない。

　第２条は「定義規定」であり、第１号では「井戸」について規定し「動力を用いて地下水を採取する施設をいう。」と定義している。この「井戸」の定義から見て、この条例の題名が「地下水採取の規制に関する条例」とあるところの、「地下水採取の規制」とは、要するに「動力を用いて地下水を採取する施設」、つまりは「電動式井戸」に対する規制であり、「つるべ井戸」とか「手押しポンプ井戸」のような人手、人力による地下水の汲み上げ、採取については何ら規制の対象ではないということになる。しかし、それでは第１条の規定する「地下水の採取について必要な規制を行い、その適正かつ秩序ある利用を図ることにより地下水の水源を保全し」ということが実現できるのであろうか(注)。

　次に、第２条は、第３号から第６号にかけて「第一種指定地域」、「第二種指定地域」、「第三種指定地域」及び「第四種指定地域」の定義をしているが、このように指定地域を４号に区分けする必要があるとは考えられないのである。なぜならば、第３条第１項では「第一種指定地域」は井戸を設置してはならない旨を規定し、同条第２項では、第二種指定地域、第三種指定地域及び第四種指定地域は井戸を設置することができる地域として、井戸を設置する場合の要件等を規定しているからである。次に、第二種指定地域、第三種指定地域及び第四種指定地域の３つはこのように地域指定を区分けする必要があるのか否かを検討するに、その必要はないと考えられるのである。なぜならば、これらの３種の指定地域における「井戸設置許可」についての要件等が各々格別の相違はなく、みな同一だからである。そうなると、この条例においては、井戸を設置してはならない地域（第一種指定地域）と井戸を設置して良い地域（第二種指定地域から第四種指定地域まで）の２つに分けれ

ば良いこととなるのである。このように整理することができるのであるが、第4条本文では、「第2条第3号から第6号までに定める地域（以下「指定地域」という。）において井戸を設置しようとする者は、町長の許可を受けなければならない。」と規定しているのである。しかし、ここで、「第2条第3号に定める地域」とは「第一種指定地域」なのであり、この「第一種指定地域」は、第3条第1項では「井戸を設置してはならない」と規定しているのである。従って、第3条第1項と第4条本文とは全くもって矛盾抵触することとなり、「第一種指定地域」においては井戸の設置が認められるのか否かが皆目分からないわけである。そこで、この条例の起案者の意思としては仮に、「「第一種指定地域」においては井戸を設置してはならない。」とするのであれば、第4条本文の「第2条第3号から第6号までに定める地域」を「第2条第3号に掲げる地域を除く地域」と改める必要がある。これに対して、この条例の起案者の意思が「第一種指定地域」においても井戸を設置して良い、とするのであれば、第2条第3号から第6号にかけて「第一種指定地域から第四種指定地域」までの地域分類は法的には無意味なものとなるわけである。その結果、第4条本文は「第2条第3号から第6号までに定める地域（以下「指定地域」という。）において井戸を設置しようとする者は、」を「何人も、本町の領域において井戸を設置しようとするときは、」と改めるべきである。

　第3条第3項は「1の開発区域において、2本以上の井戸を設置してはならない。」と規定するが、この「開発区域」とは、第2条第7号に掲げる土地の区域であるが、これと「指定地域」とはどう異なるものなのか、「井戸を設置することのできる区域」のことのようであるから、おそらくは「指定地域」のことのようでもある。もしそうであれば、用語は1つに統一すべきであり、第3項は「何人も、1の指定地域において1を超える数の井戸を設置することはできない。」と規定すべきである。しかし、指定地域に広狭の差異又は水の需要の差異があるとすれば、一律に井戸の設置件数を規制することは立法政策的に妥当性、合理性を欠くのではないか。

　第4条の「ただし書き」は、「公共の用に供する井戸であって、規則で定めるものを設置しようとする者については、この限りでない。」と規定するが、

　これは、つまり、「町長の許可は不要」ということであるが、その場合にはどうするのか、このための規定があってしかるべきである。

　第5条は、第1項で井戸設置の許可を求めるための「許可申請書」の記載事項を各号に規定しているが、第7号は「工事着工及び工事完了予定年月日」を、第8号は「工事施工者の住所及び氏名（法人にあっては、事務所の所在地、名称及び代表者の氏名）」をそれぞれ掲げている。そして、第3項では「（許可）申請書の提出の際に工事着工者が未定の場合は、決定次第速やかに届け出なければならない。」と規定するのであるが、この「工事着工者」とは、第1項第8号の「工事着工者」のことであると思われる。仮に、そうであるとすれば、許可申請書提出の際に、未だ「工事施工者（工事着工者）」が決定していなくとも許可申請書が提出できて、それが受理される、ということになるわけであり、その場合の許可申請のための「許可申請書」の第8号の「工事施工者（工事着工者）」の住所及び氏名は「空欄」とするか、又は「未定」と書き添えることになる、と思われる。その後、この工事施工者の決定次第速やかに届け出なければならない、ということになるわけである。しかし、これは「決定次第速やかに届け出る」ということであり、「いつまでに決定せよ」と規定するものではないのであるから、そうなると「工事着工者（工事施工者）が未定の許可申請書」が提出できて、それが町長に受理されてから、極端なことをいえば1年後でも「工事施工者を決定して、その者の「住所、氏名」を届け出てもよいことになるわけである。このようなことは行政事務処理上全く好ましくないことではなかろうか。井戸設置許可申請は、工事施工者が決定してから為すべきであり、従って、このような「許可申請書」の記載事項の一部未定でも、取りあえず当該許可申請書は受理され、その後「未定で不記載事項」を後に補充するということが全く認められないというものではないとしても、そのような未定のものは、重要ではない極めて軽易な「決定事項、記載事項」に限られるのであり、本条例の場合のような「（動力）井戸設置工事の施工者」という重要事項が未定のままに当該井戸設置の許可「申請書」（工事施工者未定で不記載の申請書）を取りあえず受理し、その決定次第（いつまでに決定するかは特に規定はない）、当該「不記載事項」を届け出ることが認められるとする制度はよほど特異な事情があるのかと思

われる。

第6条は、第2項と第3項との関係が良く分からないのである。第2項は
「町長は、……と認められるときは、第4条の許可を与えなければならない。」
と規定し、第3項は「町長は、前項の規定にかかわらず、……なときは、第
4条の許可をすることができる。」と規定しており、いずれも「許可」が認
められることを規定内容としているわけであり、そうなると、第3項の「前
項（第2項）の規定にかかわらず」は不要のように思われる。なぜならば、
第2項は「町長は、前条の規定による申請の内容が第3条に定める規制基準
に適合しないと認められるときは、第4条の許可を与えなければならない。」
と規定するからである。

元々この条例は、井戸を設置することを奨励するのではなく、地下水保全
のために「井戸の設置」を制限規制するものであり、従って、「第3条に定
める規制基準」は、この基準を充たした者に限って「井戸設置を許可する」
ものなのである。そうである以上、第2項は「町長は、……第3条に定める
規制基準に適合しないと認められるときは、第4条の許可を与えてはならな
い。」と規定すべきなのである。これに対して、第3項は、「第4条の許可を
することができる。」場合を規定しているのであるから、そうであれば、第
3項中「前項の規定にかかわらず、」は意味のあることとなるわけである。

第13条は、第1号と第2号の表現はともかくとして、その実質的な規定
内容はどのような相違なのか明らかではない。第1号は、「井戸により地下
水を採取することを廃止したとき。」とし、第2号は、「前号の場合のほか、
井戸を廃止したとき。」とあるが、要するにいずれの場合にも、第13条の条
文の「見出し」のとおり、井戸の「廃止の届出」について規定したものもの
であり、これ2つの「号」に分けたのは、第1号は、使用者が当該井戸の使
用を止めたことによる「井戸の使用の廃止」であり、第2号は、使用者は当
該井戸の使用を続けたいのであるが、当該井戸が枯渇して使用不可能による
「井戸の使用の廃止」ということなのではなかろうか。仮に、そうであると
すれば、その旨を第1号及び第2号に明記すべきである。なぜならば、本条
例は、本町の地下水の水源保全のために地下水の採取を規制することから、
動力を用いる井戸の設置件数に制限を課するものであり、従って、第1号は、

新たな井戸の設置を許可する（規制する）に際して考慮すべき事項となり得、第2号は、本町の領域における地下水源の実態を把握する上からも重要な事実となり得るからである。

　第18条は、この規定に違反した者に対する罰則が規定されていない点において実効性の乏しい規定ということになる。罰則を規定するとすれば、例えば「第18条の規定に違反して、報告をせず、又は虚偽の報告をした者は、30万円以下の罰金に処する。」

　第19条は、「立入検査」の規定であり、この場合には、第3項として、次のような規定を設けるのが立法例である。

3　第1項の規定による立入検査の権限は、犯罪捜査のために認められたものと解釈してはならない。

　第23条は、第1号から第4号にかけて違反行為を列挙しているが、これらの諸々の違反行為に対する罰則が一律に「3万円以下の罰金」というのは不合理ではなかろうか。

　また、地方自治法第14条第3項は、「条例中にその条例に違反した者に対し100万円以下の罰金に処することができる」旨の規定を設けることができるのであり、この条例第23条第4号の場合の罰則は、「30万円以下」とするのが立法例である。

　第24条は、「両罰規定」であり、そのことを同条の「見出し」に表現しているが、この「両罰規定」も「罰則」の内であることから、第23条の前に付した「見出し」である「罰則」と「共通見出し」ということになるので、第24条には「見出し」は付けないのが立法例である。もっとも、出入国管理及び難民認定法（昭和26年政令第319号）第76条の2は「両罰規定」という条文の「見出し」を付けているが、これは立法例としては、極めて特殊な例である。

（注）本町においては、釣瓶井戸や手押しポンプ井戸のような人力、人手により地下水を汲み上げる井戸については、本条例とは別個に「地下水採取の規制に関する条例」があるということも考えられる。もし、そうであるとしても、「地下水の採取について必要な　規制を行い……地下水の水源を保全し、以て公共の福祉に寄与する」という

目的であるならば、その条例と、本件の条例と、これら2件の条例は1つに統合した条例にすべきである。なぜならば、「一主題一法令（条例）」が原則だからである。

審査のポイント ☞

　条例のうち、初めの方に規定された条文と後方の条文とで、その規定する内容に矛盾が見られる場合がある。これは、おそらく条文を起案している途中で方針を転換したが、これまで起案してきた条文を点検し、見直しすることが十分でなかったことに由来するものと思われる。従って、条例を立案するに際しては、①　条例案骨子の作成、②　条例案大綱の作成、③　条例案要綱の作成、④　条例案の作成　という過程を経る必要がある。④の段階の途中で方針が変わった、変える必要が生じたときは、①ないしは②の段階に遡って、これらの改定を検討し、それは③の改定に影響するわけであり、これらの改定を通して④の段階のそれまでの条文の整理、調整の必要性が明らかになり、条文間の整合性が図られ、条文間の矛盾、齟齬はなくなるわけである。

21　功徳町認可地縁団体印鑑の登録及び証明に関する条例

（趣旨）

第１条　この条例は、地方自治法（昭和22年法律第67号。以下「法」という。）第260条の２第１項の規定に基づく町長の認可を受けた地縁による団体（以下「認可地縁団体」という。）の代表者等に係る印鑑（以下「認可地縁団体印鑑」という。）の登録及びその証明に関し必要な事項を定めるものとする。

（登録資格）

第２条　認可地縁団体印鑑の登録を受けることのできる者は、認可地縁団体の代表者（認可地縁団体において次の各号に掲げる者が選任されている場合にあっては、それぞれ当該各号に掲げる者。以下「代表者等」という。）とする。

一　民法（明治29年法律第89号）第46条第３項の職務代行者

二　法第260条の２第15項において準用する民法第50条の仮理事

三　法第260条の２第15項において準用する民法第57条の特別代理人

四　法第260条の２第15項において準用する民法第74条の清算人

（登録申請）

第３条　認可地縁団体印鑑の登録を受けようとする代表者等（以下「登録申請者」という。）は、登録を受けようとする認可地縁団体印鑑を自ら持参し、認可地縁団体印鑑登録申請書（以下「登録申請書」という。）によりその旨を町長に申請するものとする。

２　前項の場合において、登録申請書の氏名の次に押す印鑑は、功徳町印鑑の登録及び証明に関する条例（昭和62年条例第１号）の定めるところにより登録している登録申請者の個人の印鑑（登録申請者が町内に住所を有ない場合にあっては、当該登録申請者の住所地の市町村（特別区を含む。以下同じ。）に登録している印鑑。以下「登録個人印鑑」という。）とする。

３　登録申請者が町内に住所を有しないときは、当該申請者は、第１項に定めるもののほか、その住所地の市町村の長が作成した登録個人印鑑に係る印鑑証明書を添付しなければならない。

（登録）

第４条　町長は、前条の規定により認可地縁団体の登録の申請があったときは、

165

当該認可地縁団体につき地方自治法施行規則（昭和22年内務省令第29号）第21条第2項の規定に基づき作成された台帳（以下「地縁団体台帳」という。）の記載事項並びに登録個人印鑑に係る印鑑票（登録申請者が町内に住所を有しない場合にあっては、前条第3項に規定する印鑑登録証明書）の記載事項及び印影とを照合するほか、登録申請書に記載されている事項等について審査した上、登録するものとする。

（登録印鑑）

第5条　登録できる認可地縁団体印鑑の数量は、1個に限るものとする。

2　町長は、登録を受けようとする認可地縁団体印鑑が次のいずれかに該当すると認めるときは、当該認可地縁団体の印鑑を登録しないものとする。

一　ゴム印その他の印鑑で変形しやすいもの

二　印影の大きさが1辺の長さ8ミリメートルの正方形に収まるもの又は1辺の長さ30ミリメートルの正方形に収まらないもの

三　印影を鮮明に表しにくいもの

四　その他登録を受けようとする認可地縁団体印鑑として適当でないもの

（登録原票）

第6条　町長は、認可地縁団体印鑑登録原票（以下「登録原票」という。）を備え、印影のほか次に掲げる事項を登録するものとする。

一　登録番号

二　登録年月日

三　認可地縁団体の名称

四　認可地縁団体の事務所の所在地

五　認可地縁団体の認可年月日

六　代表者等に係る登録資格

七　代表者等の氏名

八　代表者等の生年月日

九　代表者等の住所

2　町長は、前項各号に掲げる事項のほか、登録原票に認可地縁団体印鑑の登録及びその証明に関し必要と認めるその他の事項を登録できるものとする。

（登録証明書の交付）

第7条　認可地縁団体印鑑の登録を受けている代表者等は、町長に対して認可

地縁団体印鑑登録証明書（以下「登録証明書」という。）の交付を申請する場合には、登録している認可地縁団体印鑑を押印した登録証明書交付申請書により自ら申請しなければならないものとする。

2　町長は、前項の規定により登録証明書の交付の申請があったときは、登録原票の登録事項及び地縁団体台帳の記載事項に基づき審査するとともに、認可地縁団体印鑑の印影と登録原票に登録された印影の照合を行い、当該申請が適正と認めたときは、申請者に登録証明書を交付するものとする。

（登録証明書の記載事項等）

第8条　登録証明書は、登録原票に登録されている印影の写しについて町長が、証明するものとし、あわせて次に掲げる事項を記載するものとする。

一　認可地縁団体の名称

二　認可地縁団体の事務所の所在地

三　代表者等に係る登録資格

四　代表者等の氏名

五　代表者等の生年月日

2　町長は、登録証明書を交付する場合には、その末尾に登録原票に登載されている印影の写しであることに相違ない旨を記載するものとする。

（登録の廃止）

第9条　認可地縁団体印鑑の登録を受けている代表者等は、当該印鑑の登録を廃止しようとする場合には、町長に対して自ら登録している認可地縁団体印鑑を押印した廃止申請書によりその旨を申請しなければならないものとする。

2　認可地縁団体印鑑の登録を受けている代表者等は、当該登録された認可地縁団体印鑑を亡失した場合には、町長に対して直ちに、廃止申請書に登録個人印鑑を添えて、印鑑登録の廃止を申請しなければならないものとする。

3　町長は、前2項の規定により認可地縁団体印鑑の登録の廃止の申請があったときは、審査し、適正と認めたときは、当該申請に係る認可地縁団体印鑑の登記を抹消するものとする。

（登録事項の修正）

第10条　町長は、法第260条の2第11項の規定に基づく登録原票の登録事項のうち変更に係るもの（認可地縁団体印鑑の登録の抹消に係るものを除く。）が生じたときは、職権によりこれを修正するものとする。

（登録の抹消）

第11条　町長は、次に掲げる場合は、職権により認可地縁団体印鑑の登録を抹消するものとする。

一　認可地縁団体印鑑の登録を受けている代表者等の登録資格に変更が生じた場合

二　法第260条の2第15項において準用する民法第68条（同条第1項第2号を除く。）の規定に基づき認可地縁団体が解散した場合

三　認可地縁団体の名称又は代表者等の氏名の変更により登録印鑑として適当でないと認められる場合

四　その他認可地縁団体印鑑の登録を抹消すべき事由が生じたことを知った場合

2　町長は、前項第3号又は第4号の規定により認可地縁団体印鑑の登録を抹消したときは、当該認可地縁団体印鑑の登録を受けている代表者等にその旨を通知するものとする。

（本人申請主義）

第12条　この条例の規定に基づく申請は、代表者等自らが行わなければならない。ただし、地方自治法施行規則第19条第1号トの規定により代理人がある旨の告示がなされている認可地縁団体にあっては、代表者等の委任の旨を証する書面を添えて、当該代理人が行うことができる。

（閲覧の禁止）

第13条　町長は、登録原票その他認可地縁団体印鑑の登録又は証明に関する書類を、閲覧に供しないものとする。

（質問、調査）

第14条　町長は、認可地縁団体印鑑の登録又は証明事務に関し、関係者に対して質問し、又は必要な事項について調査することができるものとする。

（委任）

第15条　この条例に定めるもののほか、この条例の施行に関し必要な事項は、規則で定める。

　　　附　則

この条例は、公布の日から施行する。

条例クリニック☞

　第1条は、「……の代表者等に係る印鑑（以下「認可地縁団体印鑑」という。）の登録……」と規定するが、ここで「代表者等の印鑑」とは代表者等個々人の印鑑のことを言うのであるから、これは明白な誤りである。なぜならば、条例の「題名」には「認可地縁団体印鑑」とあり、また、第1条にも「（以下「認可地縁団体印鑑」という。）」と規定しているように、「認可地縁団体の印鑑」でなければならないからである。従って、「代表者等に係る」は削らなければならない。以上の点を確認する意味で第1条は次のような案文になる。

　（趣旨）
第1条　この条例は、地方自治法（昭和22年法律第67号）第260条の2第1項の規定に基づく町長の認可を受けた地縁による団体（以下「認可地縁団体」という。）の印鑑（以下「認可地縁団体印鑑」という。）の登録及びその証明に関し必要な事項を定めるものとする。

　第2条は、各号列記以外の部分中「認可地縁団体印鑑の登録を受けることができる者は、」を「認可地縁団体印鑑の登録を受ける手続をすることのできる者は、」に改めるべきである。なぜならば、このように「の登録を受けることができる者は、」と規定すると、「認可地縁団体印鑑の登録」を受けることのできる法的主体を規定しているように解されるからであるが、「認可地縁団体印鑑の登録を受けることができる者」は、法人格を有する「認可地縁団体」それ自体なのである。しかし、法人である「認可地縁団体」それ自体は、「人の集団」という、いわば抽象的なものであって、自らは（登録手続）行為をすることはできないので、この「認可地縁団体」である「人の集団」を構成する個人に「認可地縁団体印鑑」の登録手続をやって貰わなければならないのである。そこで、この登録手続を実際に行う者は、誰にするかということであるが、認可地縁団体の構成員ならば誰でも良いわけではあるが、それはこの認可地縁団体の代表者等（代表者だけでは色々と都合があることを考慮して「代表者等」とした）とすることにして、この「等」には第1号

から第4号までに掲げる者を意味し、これらの者にも認可地縁団体印鑑の登録手続をすることができることを規定したというわけである。ところで、この第1号から第4号までに掲げられている（準用されている）民法の各条文は現在は廃止されているので、それとの関係で地方自治法も改正され、それを踏まえて次のようになっている。

一　地方自治法第260条の8に規定する者
二　地方自治法第260条の9に規定する者
三　地方自治法第260条の10に規定する者

　なお、第4号に相当する者については、この者は「清算人」であり、認可地縁団体が破産以外の事由で解散したした場合にこの「清算人」が選ばれるのであるが、認可地縁団体が解散した場合には、本条例第11条第1項により町長は職権で認可地縁団体印鑑の登録を抹消するのであるから、認可地縁団体印鑑の登録はあり得ないわけで、従って、第2条第4号は不要となるのである。

　第3条は、第1項中「認可地縁団体印鑑の登録を受けようとする代表者等」とあるのは、前述の理由から「認可地縁団体印鑑の登録手続をしようとする代表者等」に改めるべきである。また「（以下「登録申請者」という。）」についても、正確に、かつ、厳密にいうならば「登録申請手続権者」ないしは「登録申請手続資格者」とすべきなのである。この点は、第2項及び第3項中「登録申請者」についても同じことがいえるわけである。

　第4条から第8条までは、格別の問題はない。

　第9条は、第1項及び第2項中「認可地縁団体印鑑の登録を受けている代表者等は、」と規定するが、これは誤解を生む表現である。なぜならば、「認可地縁団体印鑑の登録」を受けているのは当該認可地縁団体という法人なのであり、代表者等の個々人ではないのである。この代表者等は、当該認可地縁団体印鑑の登録手続をすることのできる権利ないし資格を有する者に過ぎないのである。従って、「認可地縁団体印鑑の登録手続をすることができる代表者等は、」に改めるべきである。また、第2項中「廃止申請書に登録個

人印鑑を添えて」を「廃止申請書に代表者等の個人印鑑を添えて」に改めるべきである。ここで敢えて「代表者等の」を加えたのは、念のためのものであり、要するに、廃止申請手続をする「代表者等」が「真実その代表者等であること」を町長側が確認するために代表者等の、いわば「実印」の照合を求めるものである。

　第10条は、格別問題はない。

　第11条は、第１項第１号中「登録を受けている代表者等」を「登録手続をすることのできる代表者等」に改めること。また、第２号は「準用する民法第68条」は前述の民法改正により削除され、この関係で地方自治法の改正があり、この点を踏まえると「法第260条の20（第２号を除く。）の規定に基づき認可地縁団体が解散した場合」に改めるべきである。ここで「（第２号を除く。）」とあるのは、これは認可地縁団体の解散事由のうちの「破産手続開始の決定」であり、この場合は町長は、職権で認可地縁団体印鑑の登録を抹消することはできず、それは破産管財人の権限だからである。第２項は「当該認可地縁団体印鑑の登録を受けている代表者等」を「当該認可地縁団体印鑑の登録手続をすることができる代表者等」に改めるべきである。

　第12条は、格別問題はない。

　第13条は、明確に「立入調査」ないしは「立入検査」のための規定とすべきではなかろうか。行政立法の立法例としては、いずれも同様な規定内容なのであるが、「立入検査」という用語の方が「立入調査」というよりも多いのが最近の立法例である。かくして、第13条は、次のような案文が考えられる。

（立入検査等）

第13条　町長は、認可地縁団体に対し、この条例の施行のため必要があると認めるときは、その業務若しくは財産について報告若しくは資料の提出を命じ、又はその職員に事務所その他その業務の行われる場所に立ち入り、その業務若しくは財産の状況若しくは帳簿書類その他の物件を検査させ、若しくは関係者に質問させることができる。

２　前項の規定により立入検査をする職員は、その身分を示す証明書を携帯し、

　関係人の請求があったときは、これを提示しなければならない。

3　第１項の規定による立入検査の権限は、犯罪捜査のために認められたものと解してはならない。

（罰則）

第14条　次の各号のいずれかに該当する者は、30万円以下の罰金に処する。

一　前条第１項の規定による命令に違反して、報告をせず、若しくは資料の提出をせず、若しくは虚偽の報告をし、若しくは虚偽の記載のある資料を提出し、又は同項の規定による立入検査を拒み、妨げ、若しくは忌避した者

二　前条第１項の規定に違反して質問に対し陳述をせず、又は虚偽の陳述をした者

第15条　法人の代表者又は法人若しくは人の代理人、使用人その他の従業者が、その法人又は人の業務に関し、前条の違反行為をしたときは、行為者を罰するほか、その法人又は人に対しても、前条の罰金刑を科する。

　　　附　　則

この条例は、公布の日から起算して20日を経過した日から施行する。

審査のポイント☞

　「○○に係る」というのは、平たくいえば「○○の」という意味であることに留意すべきである。

　条例に他の条例又は法令を引用するに際しては、当該引用する他の条例又は法令の規定が改正されているものか否かは常に注意すべきである。

22 青桑村イモゾウムシの防除に関する条例

（目的）
第1条　この条例は、イモゾウムシの被害いも及び寄生植物を処理し、その発生とまん延を抑圧することにより、甘藷生産の安全を図ることを目的とする。
（定義）
第2条　この条例で被害いもとは、イモゾウムシの被害を受けた生塊根及び甘藷蔓（地下部分を含む。）をいい、寄生植物とは、グンバイヒルガオその他ヒルガオ科の植物をいう。
（監視員）
第3条　この条例の目的を達成するために必要な指導及び取締りに従事させるため、イモゾウムシ監視員（以下「監視員」という。）を置く。
2　監視員は、青桑村村長が任命又は委嘱する。
3　監視員は、予算の範囲内で手当てを支給することができる。
（監視員の権限）
第4条　監視員は、担当区域の農家を指導して被害いも処理場を整備し、集まった被害いもを処理しなければならない。
2　監視員は、随時担当地区内を巡視し、被害いも又は寄生植物が放置されているのを発見したときは、関係者に質問し、それに対する処置その他必要な事項を指示することができる。
（証票の携帯）
第5条　監視員は、この条例により職務を執行するときは、その身分を示す監視員証（別紙様式）を携帯し、かつ、前条の規定による権限を行使するとき又は関係者の要求があった時はこれを提示しなければならない。
（いも作農家の義務）
第6条　被害いもは収穫の都度所定の処理場に投入するか又は煮沸処理しなければならない。
2　所有耕作地（耕作縁故地を含む。）又はその周辺に寄生植物を存在させてはならない。
3　監視員の指示に従い被害いも処理場を整備しなければならない。

（罰則）

第7条　次の各号の一に該当する者は、1万円以下の罰金に処する。

　　一　故意に第6条各項に違反した者

　　二　第4条の規定による質問を拒み或いは妨げ、又は虚偽の陳述をした者

　　三　正当な理由がなく、第4条の規定による監視員の指示に従わなかった者

（規定の委任）

第8条　この条例の施行について必要な事項は、村長が定める。

　　　　附　則

　この条例は、公布の日から起算して30日を経過した日から施行する。

条例クリニック☞

　第1条は、この条例の「目的」を「イモゾウムシの被害いも……を処理し、その発生とまん延を抑圧することにより、甘藷生産の安全を図る……」と規定するが、この「被害いも」とは、第2条の定義では「イモゾウムシの被害を受けた生塊根及び甘藷蔓（地下部分を含む。）」と規定しているが、このような段階にまで至ってから「イモゾウムシの被害いもを処理し」というのでは既に手遅れである。また、「寄生植物を処理し、」とあるが、この「寄生植物」の定義は、第2条で「グンバイヒルガオその他ヒルガオ科の植物をいう。」と規定している。これは、条例の起案者は、イモゾウムシが好んで付着する植物に「寄生植物」という用語を付与したわけであるが、大変な誤解をしているものである。なぜならば、既に「寄生植物」という用語は社会一般に確立した意味内容を有しているのであり、社会一般通念として、「寄生植物」とは、その植物自身では葉緑素が完全にないか、あるいは十分ではないことから、光合成作用が全くできない（全寄生植物）か、又は光合成作用が不完全である（半寄生植物）ために、他の植物に寄生してそこから栄養分を吸収する植物を言うのであり、ナンバンキセル、ヤドリギ、ネナシカズラ等は完全寄生植物であり、ビャクダンは半寄生植物の代表的なものである。従って、この条例で用いている「寄生植物」という用語の定義内容では、社会一般の常識とは全く異なるものとなるわけである。もっとも、それだからこそ、本

条例ではこの「寄生植物」を定義することの意義がある、との弁明もあり得えようが、また、この条例で「寄生植物」としての「グンバイヒルガオその他ヒルガオ科の植物」は「寄生植物」ではないことはその通りであるとして、それではどのような名称とするかは、なかなか適当な名称は考えつかない。そこで、思うに、この条例において「寄生植物」という用語が登場するのは、第4条第2項及び第6条第2項の2度だけに過ぎないのであるから、それならば、無理してまで「グンバイヒルガオその他ヒルガオ科の植物」を総称するための特別の「用語」を創設する必要はないのではないか。つまり、第4条第2項及び第6条第2項の「寄生植物」を「グンバイヒルガオその他ヒルガオ科の植物」に改めればよいわけである。以上のような理由からこの条例では、第2条の定義規定は必要はない。

第3条は、第3項の「予算の範囲内」を「◎◎円から○○円の範囲内で規則で定める金額の」とすべきであり、また、「手当」以外に、監視員の職務遂行上必要な経費についての支給も規定すべきである。「予算」は単年度制であるから、予算年度毎に「手当の額」が異なる可能性があるからである。

第4条第2項及び第5条は「立入検査」の規定であり、この両者はまとめて1箇条で規定するのが立法例である。

第6条は、第4条第1項と合わせて規定すべきである。

第7条は、各号列記以外の部分中「次の各号の一に」は「次の各号のいずれかに」と改めるべきであり、また、「1万円以下の罰金」は罰則としては余りの低額であり、実効性に欠けるのではないか。また、罰金は、原則として「1万円以上」であり（刑法第第15条本文）、さらに、地方自治法第14条第3項では「その条例中に、条例に違反した者に対し、……100万円以下の罰金」を科する旨の規定を設けることができることを規定しているのである。従って、「1万円以下の罰金」は立法政策的に妥当性を欠く。また、この条例第7条各号の罰則は構成要件を厳格に表現するように工夫すべきである。

第8条は、条文の「見出し」を「規定の委任」ではなく、「規則への委任」とすべきであり、条文中「村長が定める」と規定するのは古い方式であり、「規則で定める」とするのが現在の立法例である。以上の諸点を踏まえて、本条例は次のような案文が考えられる。

青桑村イモゾウムシの発生及び繁殖の防止に関する条例

（目的）

第1条　この条例は、イモゾウムシが付着し、又は付着しているおそれがある植物又は容器包装の消毒及び廃棄並びにイモゾウムシの生息及び繁殖の防止に関し必要な事項を定め、もって本村のサツマイモの生産高の維持安定を図ることを目的とする。

（監視員）

第2条　村は、この条例の目的を達成するために必要な指導及び取締りに従事させるため、イモゾウムシ監視員（以下「監視員」という。）を置く。

2　監視員は、村長が議会の同意を得て職員の中から任命し、又は本村の住民の中から委嘱する。

3　監視員は、◎◎円から〇〇円の範囲内で規則で定める額の手当及び職務を行うために要する費用の支給を受けることができる。

（サツマイモ作農家の義務）

第3条　サツマイモ作農家は、監視員の指示に従い、その所有し、若しくは管理する耕作地（耕作縁故地を含む。）又はその周辺に生育するサツマイモ属植物（サツマイモを除く。)、アサガオ属植物又はヒルガオ属植物を除去しなければならない。

（イモゾウムシ付着等物件の消毒等）

第4条　イモゾウムシが付着し、又は付着しているおそれがある植物又は容器包装を所有し、又は管理する者であって、監視員によりこれらの物件を消毒し、又は廃棄すべきことを命じられたものは、当該監視員の指示に従い、当該物件を消毒し、又は廃棄しなければならない。

（立入検査）

第5条　村長は、この条例の施行に必要な限度において監視員に、サツマイモ作農家の耕作地、作業場、納屋又は倉庫その他の規則で定める場所に立ち入り、イモゾウムシが付着し、又は付着しているおそれがある物件を検査させることができる。

2　前項の規定により立入検査をする監視員は、その身分を示す証明書を携帯し、関係人に提示しなければならない。

３　第１項に規定する立入検査の権限は、犯罪捜査のために認められたものと解釈してはならない。

（規則への委任）

第６条　この条例に定めるもののほか、この条例の施行に関し必要な事項は、規則で定める。

（罰則）

第７条　次の各号のいずれかに該当する者は、30万円以下の罰金に処する。

　一　第３条の規定による監視員の指示に従い、サツマイモ属植物（サツマイモを除く。）、アサガオ属植物又はヒルガオ属植物を除去しなかった者

　二　第４条の規定による監視員の指示に従い消毒をせず、又は廃棄をしなかった者

　三　第５条第１項の規定による検査を拒み、妨げ、又は忌避した者

第８条　法人の代表者又は法人若しくは人の代理人、使用人その他の従業者が、当該法人又は人の業務に関し、前条の違反行為をしたときは、行為者を罰するほか、その法人又は人に対しても、同条の罰金刑を科する。

　　　附　　則

この条例は、公布の日から起算して20日を経過した日から施行する。

なお、第１条の目的規定は、次のようなより簡潔な案文も考えられる。

（目的）

第１条　この条例は、イモゾウムシの被害の防止のために必要な措置を定め、もって本村におけるサツマイモ作農家の経営の安定に資することを目的とする。

あるいは、ここで「サツマイモ作農家」を「サツマイモ栽培農家」としてもよいと思われる。

審査のポイント☞

社会一般に使われている用語に社会一般通念とは全く異なる意味を「定義規定」として付与することは、法の解釈論としては認められるとしても、それは極めて非常識に過ぎることであり、立法政策的に妥当性、合理性を欠くことになるから慎むべきである。

23　松籟村観光資源保護育成条例

（目的）

第1条　この条例は、松籟村における観光事業の振興発展に寄与するため松籟村（以下「村」という。）の観光資源を保護育成することを目的とする。

（観光資源）

第2条　村の観光資源は、別表第1に掲げるものをいう。

（保護育成）

第3条　村の観光資源のうち、特に村長が指定するものについては、村において保護育成の措置を講ずるものとする。

2　村長は、前項の指定をするときは、あらかじめ村議会の同意を得なければならない。

（区域指定）

第4条　村長は、前条の規定により指定した観光資源を保護するため、必要があるときは区域を指定し、指定区域内の観光資源の価値を損なわぬよう適宜な措置をとることができる。

2　村長は、前項の区域を指定するときはあらかじめ当該土地所有者の承諾を求め、村議会の同意を得るものとする。

3　村長は、第1項の規定による指定をしたときは直ちに告示しなければならない。指定を取り消したときも又同様とする。

（指定申請）

第5条　本条例の目的に積極的に協力する土地所有者は、村長に申請して前条の指定を受けることができる。

2　前項の指定については、前条第2項及び第3項の規定を準用する。

（奨励金）

第6条　第4条及び第5条の規定により指定を受けた区域内の観光資源の保護育成に当たる者に対して、村予算の範囲内において奨励金を交付する。

2　村長は、前条の規定により奨励金を交付する場合はあらかじめ村議会の議決を得なければならない。

（その他の規定）

第7条　この条例に定めるものの外、観光資源の保護育成に関し必要な事項及びこの条例の施行に関して必要な事項は、村長が定める。

　　　附　則

この条例は、公布の日から施行する。

別表第1

一　つつじ、桜、岩松等

二　神社仏閣その営造物等

三　河川岩石等の自然物等

条例クリニック ☞

　第1条は、条文の「見出し」のとおり「目的規定」の形ではあるが、目的とそれを実現するための手段とが逆転している。なぜならば、「観光資源を保護育成する」ことによって、これが「（本村の）観光事業の振興発展」に寄与することとなるものなのである。また、「（以下「村」という。）」の箇所は不要である。かくして、第1条は、次のような案文になる。

（目的）

第1条　この条例は、本村の観光資源を保護育成するために必要な事項を定め、もって本村の観光事業の振興発展に寄与することを目的とする。

　第2条は、条文の「見出し」が「観光資源」とあるが、これは「観光資源の定義」を規定するものである。しかし、その観光資源の具体的意味内容は「別表第1に掲げるものをいう。」と規定している。これは本則、つまり本条で規定すべきであり、別表に掲げるべきではない。また、「別表第1」を見るに、第1号は「つつじ、桜、岩松等」を掲げている。ここで「等」が付いているので、この3種類の樹木のほかにもまだ何かがあるということになるわけであり、定義規定としては不十分である。第2号は、「神社仏閣その営造物等」を掲げているが、「神社仏閣」と表現しており、このような一般的

な「神社仏閣」というものは我が国の各地に存在するものであって格別に観光資源とはいえないのではないか。もしも、観光資源というに値する「神社仏閣」であるならば、それなりのものであることを具体的に規定することが、この「神社仏閣」について必要である。また、「……その営造物等」ということの意味が明確ではない。これは「その」ではなくて「その他の」ということなのであろうか。また、ここにも「等」が付いており、この「等」とは、これ以外の建物や工作物があることを指していると考えられるわけである。いずれにしても定義としては不十分、不完全な記述である。第3号は、「河川岩石等の自然物等」を掲げている。このように「河川岩石等」と表現するのでは、これでは何らの特定、限定もなく一般的な表現であることから、河川敷に転がっている石ころも含まれるわけである。しかし、そのような物がなぜに「観光資源」なのかという当然の疑問が生ずることになる。

　観光資源というべきものを挙げるのであれば、例えば、河川敷、河岸及び山野の崖などに所在する水晶、ヒスイ、柘榴石、紅玉（ルビー）、黄玉（トパーズ）、サファイヤ、方解石、石英などの希少貴石であるならば、それらの所在する状態は観光資源となり得ると考えられる。

　第3条は、「村の観光資源のうち、特に村長が指定するもの」という限定をしているが、第2条及び別表第1で「観光資源」として規定したものが観光資源として保護育成の対象となるものであり、村の観光資源の中から「特に村長が指定するもの」を「保護育成の対象とする」のでは、第2条及び別表第1で「観光資源」を定義することの意義がない。おそらく、この条例の起案者は、村の「観光資源」の中で別表第1に掲げる「つつじ、桜、岩松（等）」がまとまって生育している土地、あるいはこれらの樹木を特に保護する必要がある土地を保護育成をすべき区域とするつもりなのかと思われるのである。しかし、それは第4条に規定することとし、本条は、一般的な村の措置を次のように規定すべきである。

（村の措置）
第3条　村は、観光資源の保護育成及び維持保存のために必要な規則で定める措置を講ずるものとする。

（指定区域）

第4条　村長は、観光資源を保護育成及び維持保存するために必要な区域（以下次条及び第6条第1項において「指定区域」という。）を指定し、当該区域の観光資源の価値を損なわないよう適宜な規則で定める措置を執ることができる。

2　前項に規定する区域を指定する場合において、当該指定に係る区域が私有地であるときは、当該私有地の所有者の承諾を得なければならない。

3　村長は、前項の指定をするときは、あらかじめ村議会の同意をえなければならない。

4　村長は、第1項の指定をしたときは、直ちにその旨を告示しなければならない。指定を取り消したときも同様とする。

　第4条において「指定地区」を告示したとしても、その土地が「指定地区」であるか否かは明確に認識することは実際問題として容易ではない場合も考えられることから、当該土地が「指定地区」であることを標示する必要があり、このことから、第4条の次に、新たな第5条を次のように規定する必要がある。

（指定区域の標示）

第5条　村長は、前条第4項の規定による告示をしたときは、当該告示に係る指定区域の見やすい場所に指定区域であることが容易に識別できる標識として規則で定める様式のものを掲示するものとする。

　元の第5条は、第1項は「本条例の目的に積極的に協力する土地所有者は」を「土地所有者」に改めること、第2項は「前条第2項及び第3項」を「第4条第3項及び第4項前段」に改めるべきである。これは、新たに第5条を加えたからである。従って、元の第5条は第6条となり、前述の改正を踏まえて、次のような案文となる。

（指定区域の申請）

第6条　土地の所有者は、当該所有に係る土地を指定地区に指定されるための申請を村長にすることができる。

2　前項の指定については、第4条第3項及び第4項前段の規定を準用する。

次に、元の第6条は、第1項中「及び第5条」を「及び前条」に改め、同条を第7条とするべきである。

次に、元の第7条は、「観光資源の保護育成に関し必要な事項……は村長が定める」、つまり「規則で定める」のではなく、このような事項は、正に本条例で定めるべきものであって、「規則で定める」ものではない。「規則で定める」、つまり「規則への委任」は、この条例の施行についての「施行細則」のような事項が原則なのである。かくして、元の第7条を1条繰り下げて新しく設けられる第8条は、次のような案文にするべきである。

（規則への委任）

第8条　この条例に定めるもののほか、この条例の施行に関し必要な事項は、規則で定める。

なお、「別表第1」とあるが、このように別表が1つしかない場合には、単に「別表」と表示するのが立法例である。

審査のポイント ☞

条例の「目的規定」について、目的とそれを達成すべき手段とが逆転した表現にならないように十分に注意すべきである。つまり、手段が目的化することにならないように注意すべきである。

24　谷合村自然風物の保護に関する条例

（趣旨）

第1条　この条例は、谷合村の自然の風景並びに自然植物及び土石を自然のま
　　まに保存又は育成を図ると共に、景観を害するが如き土建工事又は天然植物
　　若しくは土石の採取を禁止して、潤沢なる観光資源を貯えようとするもので
　　ある。

（村民の協力義務）

第2条　本村住民は、前条の趣旨に協力し、村一円の美観を損なうことのない
　　よう配慮し、本村独特の自然植物又は山野の石類の保育保存を図り、これ等
　　物件の盗難を警戒し、損傷の防止に努めなければならない。

（採木、採石の禁止）

第3条　いかなる個人又は団体といえども商行為を目的とした本村内山野から
　　の樹木、石類の採取をしてはならない。ただし、個人の所有地にあっては、
　　地主が採取を許可したもの、又は現に在住する村民が自己の庭園の用に供し、
　　鑑賞を目的とする場合はこの限りでない。

（村の措置）

第4条　村長は、第1条の趣旨により、村内において個人が行う土木、建築工
　　事により著しく原状を変更し、自然の景観を損なうおそれのあるものについ
　　ては、適切な指示を与え、又は自然植物、土石の採取、移動に一定の制限指
　　示することができるものとし、自然破壊の防止を図ると共に、必要と認める
　　ときは、法令の定めるところにより告発の手続をするものとする。

　　　附　則

この条例は、平成22年4月1日から施行する。

条例クリニック ☞

　第1条は、「自然植物」及び「天然植物」という用語が使われているが、
いずれも人手が加わらないで生育している植物のことをいうものであること
は理解できるのであるが、このように「自然植物」と「天然植物」というよ

うに区別することは、この条例の各条文を通して見ても格別の意味はないと考えられる。つまり、この両者は、同一の意味なのであり、単に言い方を変えたことに過ぎないのであり、このような表現は文学作品等には普通に見られることであるが、法律の分野、特に「法文（条文）」においては絶対に避けるべき表現方式である。同一の概念は同一の用語、表現形式を守らなければならないのが鉄則である。そうでないことには、思わぬ解釈を生み出すこととなるからである。従って、本条例においても、「自然植物」か「天然植物」のいずれかの用語に統一すべきである。次に「……自然植物及び土石を自然のままに保存又は保育を図ると共に、景観を害するが如き土建工事又は天然植物若しくは土石の採取を禁止して、」とある箇所は、あまり多くの事柄を詰め過ぎたために読み難い表現となっている。先ず、ここで「自然植物」とは、前述のように人工を加えないで、生育する草木ということは分かるが、それ以外この「自然植物」の定義はこの条例にはないことから、本村に生育するすべての植物（草木）が「保育を図る」対象となると思われるのであるが、第3条の条文の「見出し」では、「採木、採石の禁止」とあり、「採草の禁止」とは規定してはなく、第3条本文中に「本村内山野からの樹木、……の採取をしてはならない。」と規定することから、樹木であり、人手が加わらない樹木（天然林、自然林）ということになり、「保育を図る」とは、具体的にはどういう意味かであるが、積極的に樹木を保護育成するわけではなく、第3条及び第4条を見る限りでは、樹木の採取（伐採）の禁止ということである。しかし、「樹木」といっても、その採取を禁止されるのが単に「樹木」であるならば観光価値があるとはいえないのであり、「潤沢なる観光資源を貯えようとするものである。」には該当しないであろう。やはり観光価値のある「観賞用樹木ないしは花木類」に限られるのではないか。また、第1条は、「土石を自然のままに保存」とか、「土石類の採取を禁止して、」と規定するのであるが、これらも「潤沢なる観光資源を貯えようとするものである。」に続くのであるから、単に「土石」ないしは「土石類」では観光価値は全くないわけであり、そうであるならば、ここは、「宝石」とまではいわなくても、例えば、柘榴石、翡翠、紫水晶、虎目石、猫目石等の「希少貴石の類」を指すものと考えるべきである。また、「景観を害するが如き土建

工事……を禁止し、」とあるが、この表現であると、この村の領域のどこにおいても「土建工事が禁止」されるように思われるが、そうなれば、この条例は極端に不合理な立法ということになるわけであり、従って、「自然の風物（景観）を守るために必要な区域においては建物の建設及び工作物の構築を規制し」と規定すべきである。

　第2条は、「村一円の美観を損なうことのないよう」とあるが、この「美観」とは主観的な性質のものであるからできるだけ避けて、ここは前条の表現に合わせて「本村の自然の風景（景観）を損なうことのないよう」と規定すべきである。もっとも、第2条は「……に努めなければならない。」というように、違反行為に対する「罰則」のない「努力義務規定」であり、これではこの条例の実効性が担保されないのではないか。また、第2条の後半部分も「本村独特の自然植物又は山野の石類の保育保存を図り、これら物件の盗難を警戒し、損傷の防止に努めなければならない。」という「村民の協力義務」（努力義務）を規定しているに過ぎず、これも前述のように違反行為に対する罰則がなく、この条例の実効性が担保されないのではないか。従って、違反行為の構成要件及び罰則については、この条例の末尾に規定することとし、第2条は、前述の「希少貴石類」及び「観賞用花木類」という用語の定義を規定することとして、次のような案文が考えられる。

（定義）
第2条　この条例において「希少貴石類」とは、ザクロイシ、ヒスイ、ムラサキスイショウその他規則で定めるものをいう。
2　この条例において「観賞用花木類」とは、シャクナゲ、タイザンボクその他の規則で定めるものをいう。

　第3条は、本文が「いかなる個人又は法人といえども」と規定するが、これは「何人も、」表現するのが立法例である。次に「商行為を目的とした」と規定するが、このような限定は有害無用であり、立法政策的に合理性を欠くものである。また、「樹木、石類」は、前述のように「観賞用花木類又は希少貴石類」と改めるべきである。

　第3条の「ただし書き」は、当然のことを規定したものであり、敢えて規

定するまでもないことである。個人（他人）の土地に存する翡翠とか紫水晶
を無断で採取すれば窃盗罪（刑法第235条）になるのであり、他人の林野の
樹木を勝手に伐採すれば、場合によっては森林窃盗の罪となるものである。
従って、第3条の「ただし書き」は不要である。

　さらに、問題は、このような禁止規定に違反した者に対する罰則がないこ
とであり、これではこの条例の実効性が担保されないわけである。かくして、
違反すれば罰則が科せられるべき構成要件として第3条は、次のような案文
が考えられる。

（希少貴石類の採取の禁止）

第3条　何人も、本村の河川敷、山野その他の規則で定める場所に所在する希
　少貴石類を採取してはならない。ただし、学術研究及び調査その他規則で定
　める場合は、この限りでない。

　第4条は、前半は「個人が行う土木、建築工事により著しく現状を変更し、
自然の景観を損なうおそれのあるものについては適切な指示を与え」と規定
するが、それでは「個人」ではなく「法人」の場合はこのような場合でも「村
長の適切な指示」はなくても良いということになるが、これは不公正な措置
ではないか。また、第1条では「景観を害するが如き土建工事……を禁止し」
と規定することとは整合性がない。また、「自然植物、土石の採取、移動に
一定の制限指示することができる。」と規定するが、この「一定の制限指示」
とは具体的には「禁止」なのか、禁止であれば第3条本文と重複する部分が
あることになり、また、禁止するまでのことではないとすると第3条本文と
整合性を欠く。さらに「必要と認めるときは、法令の定めるところにより告
発の手続をするものとする。」と規定するが、この条例には違反行為に対し
て「罰則」が規定されてないのだから、「告発」の仕様がない。仮に、他の
法令違反がある場合には「告発」は可能であるが（刑事訴訟法第239条）、そ
れは他の法令の問題であり、本条例の関知するところではない。

　以上の諸点を踏まえて、第4条は次のような案文が考えられる。

（村の措置）

第４条　村は、自然景観を保護するために必要とされる規則で定める地区を自然景観保護地区に指定し、当該地区においては規則で定める建物又は工作物の構築を禁止することができる。

２　村は、観賞用花木類の生育している地区を観賞用花木類保護地区に指定することができる。

３　村は、第１項に規定する自然景観保護地区を指定したときは、当該地区の見やすい場所に当該地区が自然景観保護地区であることが容易に識別できる標識として規則で定める様式のものを立てるものとする。

４　村は、第２項に規定する観賞用花木類保護地区を指定したときは、当該地区の見やすい場所に、当該地区が観賞用花木類保護地区であることが容易に識別できる標識として規則で定める様式のものを立てるものとする。

（観賞用花木類の保護等）

第５条　何人も、前条第１項に規定する自然景観保護地区の現状を変更するおそれのある規則で定める行為をしてはならない。

２　何人も、前条第２項に規定する観賞用花木類保護地区の土質を変更する規則で定める行為をしてはならない。ただし、観賞用花木類の保護及び生育のための管理行為その他規則で定める行為は、この限りでない。

３　何人も、前条第２項に規定する観賞用花木類保護地区に生育する観賞用花木類の生育を阻害する規則で定める行為をしてはならない。

４　何人も、前条第２項に規定する観賞用花木類を採取し、又は観賞用花木類の個体を損傷する規則で定める行為をしてはならない。ただし、観賞用花木類の保護育成のために必要な規則で定める行為は、この限りでない。

（罰則等）

第６条　第３条本文の規定に違反して希少貴石を採取した者は、30万円以下の罰金に処する。

２　前条第１項に規定する規則で定める行為をした者は、30万円以下の罰金に処する。

３　前条第２項本文の規定に違反して土質を変更する行為をした者は、20万円以下の罰金に処する。

> 4　前条第3項に規定する自然景観保護地区に生育する観賞用花木類の生育を阻害する規則で定める行為をした者は、10万円以下の罰金に処する。
>
> 5　前条第4項本文の規定に違反して自然景観保護地区に生育する観賞用花木類を採取し、又はその個体を損傷した者は、10万円以下の罰金に処する。
>
> 6　第1項、第2項、第4項又は前項の規定に違反して取得された物品は、村に帰属する。
>
> 第7条　法人の代表者又は法人若しくは人の代理人、使用人その他の従業者が、その法人又は人の業務に関し、前条の違反行為をしたときは、行為者を罰するほか、その法人又は人に対して前条の刑を科する。
>
> 　　　附　則
>
> この条例は、公布の日から起算して20日を経過した日から施行する。

　第1条は、条文の「見出し」が「趣旨」とあるが、この条文は「……を禁止して、潤沢なる観光資源を貯えようとするものである。」と結んであり、この結びの箇所からすると「趣旨規定」よりも「目的規定」のようにも思われるのである。仮に、「目的規定」とするのであれば、次のような案文が考えられる。

> （目的）
>
> 第1条　この条例は、本村の自然景観の保全並びに本村に生育する観賞用花木類の保護育成及び本村に存在する希少貴石類の保存のために必要な措置を定め、もって本村の観光資源の保護及び開発に資することを目的とする。

審査のポイント☞

　条例の趣旨又は目的を常に念頭に置いて条文を起案するべきである。特に、行為の規制、制限の程度は、その条例の趣旨又は目的に照らして必要最小限度であるべきであり、また、条例の保護の対象とするものについても、当該条例の趣旨又は目的に照らして合理的な程度、範囲にとどめるべきである。

25　藤袴市あき地の活用に関する条例

（目的）

第1条　この条例は、あき地の所有者の協力を得て、当該あき地を市が借り受けて活用することにより、清潔な生活環境を保持し、市民生活の向上と福祉の増進に寄与することを目的とする。

（定義）

第2条　この条例において「あき地」とは、現に使用されていない土地で休耕地その他の土地をいう。

（あき地の借り上げ）

第3条　市長は、市内の地域的均衡、道路事情、地形等を考慮し、あき地の所有者の承諾を得て当該あき地を借り受け、賃貸借契約を締結することができる。この場合において借り受けの期間は、5年以上でなければならない。

（賃貸料）

第4条　前条の規定により借り受けたあき地に係る賃借料は、無料とする。

（税金等の減免）

第5条　市長は、借り受けたあき地に係る固定資産税、都市計画税及び上下水道事業受益負担金につき、借り受け期間中は、これを免除又は減額することができる。

2　前項に定めるものを除くほか、当該あき地に係る土地改良区の組合費は、市が負担するものとする。

（低湿地の埋め立て）

第6条　市長は、借り受けたあき地が低湿地であるときは、これを埋め立て造成することができる。

（あき地の活用）

第7条　市長は、借り受けたあき地を活用するため、簡易児童遊園、運動場その他公共の福祉の向上をはかるための施設について積極的に整備充実を推進するものとする。ただし、あき地の所有者の承諾なくして恒久的な施設を設置することはできない。

（契約の解除）

第8条　あき地の所有者は、当該あき地の賃貸借契約を解除しようとするときは、少なくとも6箇月前までに、市長に申し出なければならない。

（遊具施設等の撤去）

第9条　市長は、前条の規定によりあき地の賃貸借契約を解除したときは、すみやかに当該あき地に設置した遊具その他の施設を撤去するものとする。

（埋め立て）

第10条　あき地の所有者は、賃貸借契約解除の際、当該あき地につき市が負担した埋め立て造成費相当額を、市に支払わなければならない。ただし、賃貸借期間が5年以上の場合は、市長が別に定めるところによる。

（あき地の買取）

第11条　市長は、あき地の所有者が現に活用中の当該あき地を他に譲渡しようとするときは、優先的に譲渡を受けられるように努めるものとする。

2　市長は、前項の規定により当該あき地の譲渡につき、あき地の所有者の承諾を得たときは、適正な時価により買い取るものとする。

（委任）

第12条　この条例の施行について必要な事項は、市長が別に定める。

　　　　附　　則

この条例は、平成22年4月1日から施行する。

条例クリニック☞

　この条例は「あき地の活用に関する条例」という題名であり、第1条の目的規定も「あき地」を専ら対象としているのである。このために、第2条では「あき地」の定義をしているわけである。しかし、この条例の目的が「清潔な生活環境を保持し、市民生活の向上と福祉の増進に寄与すること……」とあることからいえることは、これは、第2条の定義規定とも関係するところであるが、必ずしも、厳密に「あき地」に限定する必要はないのではないか。つまり、現在は使用している土地ではあるが、機会があればいつでも他人に貸しても良い、とか、近いうちにこの土地の使用することを止めようと思っている、というような土地をもこの条例の目的に沿うような「活用」の

対象とすることが認められてしかるべきではなかろうか。そうであるならば、この条例の題名は、一応は、「藤袴市土地の活用に関する条例」とすべきかと考えられるが、この点は後述する。

　本市の土地の管理が適正になされていない実態があり、特に、土地の所有者が本市の住民ではなく、かつ、その土地には管理人もいない場合、あるいは、土地の所有者が老夫婦だけであり、自らが現に居住している宅地以外の所有地の管理までは手に負えないし、他人に管理を委託するには経済的に困難である場合、このような土地がいわゆる「あき地」であり、本条例は、このような「あき地」に限って、これを市が借り上げて有効活用をすることを対象としようとするものであろうか。しかし、いずれにしても、第2条の「あき地」の定義は必ずしも必要であるとは思われない。この条例の起案者は、条例の題名が「あき地の活用に関する条例」とあることから、前述のように、条例の題名である「あき地」に惹かれて「あき地」の定義をするに至ったものと思われ、「あき地」の定義を「現に使用に供されていない土地で休耕地その他の土地をいう。」として、具体的には「休耕地」を「あき地」の1つに挙げているが、第6条では、市が借り受けた土地が「低湿地」の場合には、市は「埋め立て造成」ができるわけであり、第7条では「あき地の活用」として「簡易児童遊園、運動場」等の施設の設置が可能なのである。そうなると、休耕地で低湿地を埋め立てて運動場を設置することも認められることとなるが、これは「休耕地である農地」を農地以外のものに転換することになるわけであり、農地法上問題となるわけである。また、今まで土地を使用して来たが、近々その土地の使用をやめたいと考えている、とか、機会があればいつでも土地の使用を止めたいと考えている、という場合の当該「土地」は、第2条の定義する「あき地」の定義には該当しないようにも思われるのであり、そうであるとすれば本条例の目的からして、「あき地」の定義自体は不要ではないか。かくして、第1条は、次のような案文が考えられる。

（目的）
第1条　この条例は、土地の所有者が当該所有に係る土地を適正に管理することが困難である場合又は当該所有に係る土地を適正に管理することが困難と

なるおそれがある場合において、当該所有者が当該土地の管理を市に委託することのできる措置を定め、もって本市市民の生活環境を保全し、市民の生活の向上及び市民の福祉の増進を図ることを目的とする。

　第2条の「あき地」の定義は、前述したところから、また、第1条の前掲の案文から不要である。

　第3条は、条文の「見出し」が「あき地の借り上げ」とあるのは「土地の借り上げ」に改めること。また、「市長は、……あき地の所有者の承諾を得て当該あき地を借り受け、賃借契約を締結することができる。」と規定するが、この契約の法的主体は「市長」個人ではなく、法人としての「本市」、つまり「藤袴市」なのであり、市長は、藤袴市を代表して当該土地の所有者と「土地の借り上げ契約」の締結（手続）をすることができるにすぎないのである。また、この「土地の借り上げ契約」を「賃貸借契約」と規定しているが、第4条では「賃借料は、無料とする。」と規定しており、従って、これは、突き詰めた法律論によれば、条例でこのような規定を設けることは可能かも知れないが、民法において「賃貸借契約」とは民法の13種類の「典型契約、有名契約」の中でも代表的な契約なのであり、賃貸借契約は、「有償契約で、双務契約」として定着した契約の概念なのであるから、この条例で、「賃貸借契約」という名称でもって、敢えて「無料」、つまり「無償」と規定することは誤解を生むことになり、不適切である。ここでは、本市と土地の所有者との間で、本市が当該土地を無償で借り上げる契約に便宜上名前を付けることなのだから「土地の借上契約」と表現することで十分に意味は通ずるのである。次に、第3条後段は「この場合において借り受けの期間は、5年以上でなければならない。」と規定するが、ということは、最短の場合で契約期間は「5年」なわけである。しかし、第6条は、借り受けた土地が低湿地の場合には「埋め立て造成」が認められる旨を規定し、第7条では「あき地の活用」、つまり土地の活用として「簡易児童遊園、運動場その他公共の福祉の向上を図るための施設について積極的に整備充実を推進するもの」と規定しているのであるから、このようなことからすれば、「借り受けの期間は5年以上でなければならない。」と規定するのでは、立法政策的に適切

さ、合理性を欠くと思われる。

　第4条は、前述のような理由から、次のような案文が考えられる。

（土地の借受け料）

　第4条　前条に規定する土地の借り上げ契約に係る借り上げ料は、無償とする。

　第5条第1項は、「市長は、あき地にかかる固定資産税、都市計画税……借り受け期間中は、これを免除又は減額することができる。」と規定するが、ここに規定する税金及び負担金等が「あき地（土地）の借上げ料」の対価に相当するならば、本条例の「あき地の借り上げ契約」は、実質上「賃貸借契約」といえるかとも思われるが、第5条第1項は「……これを免除又は減額することができる。」とし、「……これを免除又は減額するものとする。」とは規定していないのであるから、税金及び負担金等の免除又は減額は「借り上げ料」とは「対価関係」にあるとはいえない。また、同条第1項は「市長は、……これを免除又は減額することができる。」と規定するが、これは正しくはない。この「免除又は減額することができる」のは、「市長」ではなく「市」なのである。この点、第2項は、「……組合費は、市長が負担するものとする。」とは規定せずに「……組合費は、市が負担するものとする。」と正しく規定しているのである。

　第6条は、このような条文の表現では「あき地（土地）」の借り主が勝手にその借り受けた土地である「低湿地の埋め立て」ができるように受け取られるおそれがあり、適切ではない。また、本条も「市長は、……これを埋め立て造成することができる。」と規定しているが、この埋め立て造成し得る法主体は「市」なのであり、「市長」ではない。かくして、本条は、次のような案文になる。

（低湿地の埋立て）

　第6条　市は、借り受けた土地が低湿地であるときは、当該土地の所有者の承諾を得て当該湿地帯の埋立てをすることができる。

　第7条は、条文の「見出し」中の「あき地」を「土地」に改めること、また、本文中の「……その他公共の福祉の向上をはかるための施設について積

極的に整備充実を推進するものとする。」と規定するが、ここで「積極的に整備充実を推進するもの」とは抽象的な表現であり、より具体的な内容を規定すべきである。また、「簡易児童遊園」とあるが、ここで「簡易」と表現しているのは、ただし書きで「恒久的な施設の設置」には、「あき地（土地）の所有者の承諾」を必要とすることとの相違、つまり、本文の「簡易児童遊園」を設置するときには、土地の所有者の承諾は不要であることが起案者の意図するところかと思われる。もっとも、市が借り受けた土地は、「低湿地」で埋め立てた場合はともかくとして、契約終了後には、「原状回復した土地」を返還するのが原則である（第9条）のだから、借りた土地に「恒久的な施設」を造成したとしても、借主（市）の負担でそれらの施設を撤去し「現状回復をした土地」を返還するわけであり、従って「あき地の所有者の承諾なくして」は不要である。つまり、第7条ただし書きは不要である。

　第8条は、「あき地」を「土地」に、「賃貸借契約」を「借上げ契約」に、それぞれ改めるべきである。

　第9条は、「市長」を「市」に、「あき地」を「土地に、「賃貸借契約」を「借上げ契約」に、それぞれ改めるべきである。

　第10条本文は「あき地」及び「空き地」を「土地」に、「賃貸借契約」を「借上げ契約」に、それぞれ改めるべきである。

　次に、第10条の「ただし書き」は「ただし、賃貸借期間（借上げ期間）が5年以上の場合は、市長が別に定めるところによる。」と規定しているが、この「ただし書き」は全く第3条後段との整合性を欠くものである。なぜならば、一般的に、ただし書きの前に規定される事項（本文）が「原則」であり、「ただし書き」において規定される事項がその例外なのであるから、そうなると、この「土地の借上げ契約」の「借上げ期間」は、例外が「5年以上」であることから、原則は「5年未満」ということになるわけである。それでは、第3条後段で「借り受けの期間は、5年以上でなければならない。」と規定していることと矛盾してしまうわけである。とにかく、第10条の「ただし書き」が単純な誤りでないとするならば、この条例の起案者は、どのような理由からこの「ただし書き」を設けたのであろうか。

　第11条は、「あき地の買取り」を規定しているが、第1項中「市長は」は「市

は」に、「あき地」を「土地」に、「現に活用中の当該あき地を」を「土地の借上げ契約期間中に当該土地を」に改めるべきである。

　終わりに一言、この条例第1条は、「清潔な生活環境を保持し、市民生活の向上と福祉の増進に寄与することを目的とする。」と規定しており、この目的のために第7条は、「土地（あき地）の活用」として「簡易児童遊園、運動場その他の公共の福祉の向上をはかるための施設について積極的に整備充実を推進するものとする。」と規定する訳であるが、そうであるならば、土地については「借上げ」に限られないのである。また、条例の題名も「藤袴市公共用施設の新設及び整備拡充に関する条例」とすべきかと思われる。とにかく、私人から借り上げる土地はいずれは原状回復して貸主に返還しなければならないのであり、従って、土地を借り上げる際は無償であっても、当該土地の利用・活用時においての土地の整備に係る費用及び返還時において原状回復のための費用等が掛かるのであるから、結局は「借り上げ」よりは買収（土地収用）の方が経済的なのではなかろうか。

審査のポイント ☞

　条例において、ある事項（用語）につき定義規定を設けるか否かを判断するに際しては、当該事項に対する一定の行為を制限する行為、又は禁止する行為が規定されていないとき、あるいは、そのような行為の制限又は禁止に違反しても罰則又は不利益処分が規定されていないときは、敢えて、当該事項（用語）の定義規定を設ける必要はない。

26　明徳村美しいむらづくり条例

第一章　総　則

（目的）

第１条　この条例は、法令に定めがあるもののほか、秩序あるむらづくりのための基本的な事項を定めるところにより、美しく住みよいむらづくりを推進し、村民の健康で潤いのある生活の実現、維持に寄与することを目的とする。

（基本理念）

第２条　美しいむらづくりを推進するに当たっては、水と緑に包まれた豊かな田園風景、自然景観及び良好な生活環境を守り、活かし、つくり、育てることを基本理念とする。

（定義）

第３条　この条例において、次の各号に掲げる用語の意義は、それぞれ当該各号に定めるところによる。

一　「建造物」とは、建築基準法（昭和25年法律第201号）第２条第１号に定める建築物を、「特殊建築物」とは、同条第２号に定める建築物を、「建築」とは、同条第13号に定める建築のうち、建築物を新築し、増築し、又は改築することをいう。

二　「工作物」とは、建築基準法第88条第１項の規定により政令で指定されたものをいう。

三　「開発区域」とは、開発事業等を施行する土地の区域をいう。

四　「開発事業」とは、主として建築物の建築又は工作物の建設の用に供する目的で行う土地の区画形質の変更を、「開発事業等」とは、開発事業並びに建築物の建築及び工作物の建設をいう。

五　「公共公益的施設」とは、道路、上下水道、公園、消防施設、広場、緑地、河川、水路、医療施設、教育施設、交通安全施設、清掃施設、社会福祉施設等の公共又は公益の用に供する施設（土地を含む。）をいう。

六　「事業主」とは、開発事業等に関する工事の請負契約の発注者又は請負契約によらないで自らその工事を施工する者をいう。

七　「リゾート・マンション等」とは、リゾート・マンション、コンドミニアム型マンション等の名称のいかんを問わず、１棟の建物の構造上区分された数個の部分で独立して住居、店舗、事務所又は倉庫その他建物としての用途に供することができるものをいう。

八　「屋外広告物」とは、屋外広告物法（昭和24年法律第89号）第２条第１項で定められたものをいう。

九　「建築物等」とは、建築物、工作物及び屋外広告物をいう。

（村の責務）

第４条　村は、美しく住みよいむらづくりのために必要な施策を実施しなければならない。

2　村は、美しく住みよいむらづくりについて、村民及び事業主の理解を深めるため啓発に努めなければならない。

3　村は、開発事業等が実施される場合には、豊かな自然景観及び良好な生活環境を保全するため、事業主に対し適切な指導を行わなければならない。

（事業主の責務）

第５条　事業主は、村が実施する美しく住みよいむらづくりに関する施策に積極的に協力しなければならない。

2　事業主は、開発事業等の実施に当たっては、自らの責任において災害及び公害の防止に努め、紛争又は被害が生じた場合には、自らの責任においてこれを解決しなければならない。

第二章　美しいむらづくりの方針
（むらづくりの方針）
第6条　村長は、第2条の基本理念を実現するため、村づくりの方針を定める
　　ものとする。
2　村づくりの方針は、明徳村総合計画（昭和63年3月策定）及び明徳村リゾー
　　ト整備事業計画（平成5年4月策定）と調和が保たれるものでなければなら
　　ない。
3　むらづくりの方針には、むらづくりの目標、土地利用及び公共公益的施設
　　の整備、その他必要な事項を定めるものとする。

第三章　美しい景観の育成
（美しい景観づくり指針）
第7条　村長は、むらづくりの方針に基づき、本村らしい田園風景を守り育て
　　るために、美しい景観づくり指針を策定しなければならない。
2　美しい景観づくり指針には、次の各号に掲げる事項に関し必要な基準を定
　　めるものとする。
　　一　敷地の緑化に関すること。
　　二　建築物等の規模、意匠及び色彩に関すること。
　　三　建築物等に附属する設備の規模、意匠及び色彩に関すること。
　　四　公共空間の意匠及び色彩に関すること。
　　五　その他、村長が景観形成のために必要と認めること。
3　村長は、美しい景観づくり指針を定めようとするときは、あらかじめ、第
　　26条に規定する明徳村むらづくり審議会の意見を聴かなければならない。
（指導及び助言）
第8条　村長は、村民及び事業主に対し、前条の指針に基づき必要と認めると
　　きは、適切な措置をとるよう指導及び助言をすることができる。
（助成）
第9条　村長は、美しい景観づくりの実現のための協力者に対し、別に定める
　　ところにより助成することができる。
（表彰）
第10条　村長は、美しい景観づくりの実現に著しく寄与していると認められる

者を、表彰することができる。

（地区指定）

第11条　村長は、美しい景観を守り育てる必要があると認められる地区を指定
し、必要な施策を講ずるものとする。

2　村長は、地区指定をしようとするときは、第26条に規定する明徳村むらづ
くり審議会に諮問するものとする。

第四章　美しい環境の保全

（事前協議）

第12条　事業主は、次の各号に掲げる開発事業等を実施しようとするときは、
規則で定める開発事業等事前協議書（以下「事前協議書」という。）に関係
書類を添え、村長に提出し事前に協議しなければならない。

一　開発区域の面積が500平方メートル以上５万平方メートル未満の開発事
業

二　建築物の建築で、高さが13メートルを超えるもの又は地上３階建て以上
のもの

三　リゾートマンション等の建築

四　特殊建築物の建築で、地上２階建て以上のもの又は敷地面積が250平方
メートル以上のもの

五　規則で定める屋外広告物の設置

六　規則で定める工作物の建設

2　前項の規定にかかわらず、国、地方公共団体その他規則で定める者が行う
開発事業等については、第四章の規定は適用しない。

（事前協議の審査）

第13条　村長は、前条の規定による協議（以下「事前協議」という。）があっ
たときは、関係法令及びむらづくりの方針との適合性について、規則で定め
るところにより審査しなければならない。

（指導）

第14条　村長は、前条の規定による審査の結果必要と認めるときは、事業主に
対し適切な措置をとるよう指導を行うことができる。

2　前項の指導を受けた事業主は、事前協議の内容を変更し、改めて村長に協

議しなければならない。

（事前協議終了の通知）

第15条　村長は、事前協議に係る審査結果について、事業主に対し必要な意見を付して通知しなければならない。

（説明会の開催）

第16条　前条の規定により通知を受けた事業主は、地元説明会を実施して計画内容を説明し、住民の意見を聴くものとする。

（承諾の申請）

第17条　前条の説明会を終了した事業主は、規則で定めるところにより、開発計画書を村長に提出し、承諾を受けなければならない。

（審査）

第18条　村長は、前条の規定による開発計画書が提出されたときは、次条の承諾の基準に基づき審査をしなければならない。

2　村長は、前条の規定による開発計画書が提出されたときは、第26条に規定する明徳村むらづくり審議会に諮問するものとする。

（承諾の基準）

第19条　承諾の基準は、次に定めるとおりとする。

　一　防災施設が整備され、かつ、その数量、配置及び構造が適切であること。

　二　進入道路及び区域内道路の幅員及び構造が交通量に対して十分であること。

　三　飲料水が確保され、かつ、計画人口に対する吸水量及び消防用水利が充分であること。

　四　し尿、雑排水及びごみの処理に対する対策が適切であること。

　五　公共公益的施設が適切に整備されていること。

　六　環境及び景観に対する配慮が十分であること。

　七　事業施工後の管理体制が明確であること。

2　前項各号に規定する基準の運用について必要な細目は、規則で定める。

（開発協定）

第20条　村長及び事業主は、この条例の目的を達成するために必要と認めるときは、開発に関する協定を締結することができる。

（承認又は不承認）

第21条　村長は、第18条の規定による審査が終了したときは、当該開発申請について、承認又は不承認の決定を行い、当該事業主に対し通知しなければならない。

2　村長は、前項の規定による承認について、豊かな自然景観及び良好な生活環境の保全のために必要な限度において条件を付すことができる。

3　事業主は、第1項の承認を受けた後でなければ、開発事業等に着手してはならない。

（開発事業等の変更）

第22条　前条第1項の規定による承認を受けた事業主が当該開発事業等の内容を変更しようとするときは、規則で定めるところにより、あらかじめ村長に協議し承認を受けなければならない。ただし、規則で定める軽微な事項については、この限りでない。

（工事の届出等）

第23条　次の各号のいずれかに該当したときは、規則で定めるところにより、その旨を村長に届け出なければならない。

一　工事に着手したとき。

二　工事を完了したとき。

三　工事を廃止したとき。

（立入調査）

第24条　村長は、この条例の目的を達成するために必要な限度において、村職員に開発区域に立ち入り調査をさせ、関係者に対して、指示、指導を行わせることができる。

（検査及び改善）

第25条　村長は、第23条の規定による工事の完了届が提出されたときは、当該工事が承諾の内容に適合しているかどうかについて検査を行うことができる。

2　村長は、前項による検査の結果不備な箇所がある場合には、当該事業主に対して改善するよう指導することができる。

3　前項の指導を受けた事業主は、改善の工事を行った後改めて第23条の規定による工事完了届を提出しなければならない。

　第五章　明徳村むらづくり審議会

　（設置）

第26条　村長は、諮問に応じて美しいむらづくりに関する重要事項を審議する

　　ため、明徳村むらづくり審議会（以下「審議会」という。）を設置する。

２　審議会の組織及び運営に関して必要な事項は、規則で定める。

　第六章　雑則

　（違反に対する措置）

第27条　村長は、事業主が開発事業等の施工についてこの条例の規定に違反し

　　たときは、当該工事の停止又はその違反を是正させるための勧告を行う。

２　村長は、事業主が前項の勧告に従わないときは、事業主、設計者及び工事

　　施工者の氏名並びに勧告の内容を公表することができる。

　（委任）

第28条　この条例の施行に関して必要な事項は、規則で定める。

　　　　附　則

　　この条例は、平成21年4月1日から施行する。

条例クリニック☞

　本条例の題名、第1条及び第2条は「美しい」とか「美しく」という表現
が用いられているが、この点については後で検討することとする。

　第3条は、第1号から第9号までにわたって用語の定義がなされている
が、このように「号建て」にするのであれば、例えば、第1号は「「建築物」
とは、」ではなくて「建築物」と名詞形にしてその次を1字分空けて定義文
を記載する方式でなければならず、従って、第3条は次のような案文になる。

　（定義）

第3条　この条例において、次の各号に掲げる用語の意義は、当該各号に定め

　　るところによる。

　一　建築物　建築基準法（昭和25年法律第201号）第2条第1号に掲げる建

　　築物をいう。

二　特殊建築物　建築基準法第2条第2号に掲げる建築物をいう。

三　建築　建築基準法第2条第13号に掲げる建築のうち、建築物を新築し、増築し、又は改築することをいう。

四　工作物　建築基準法第88条第1項の規定により政令で指定されたものをいう。

五　開発区域　開発事業等を施工する土地の区域をいう。

六　開発事業　主として建築物の建築又は工作物の建設の用に供する目的で行う土地の区画形質の変更をいう。

七　開発事業等　開発事業並びに建築物の建築及び工作物の建設をいう。

八　公共公益的施設　道路、上下水道、公園、消防施設、広場、緑地、河川、水路、医療施設、教育施設、交通安全施設、清掃施設、社会福祉施設等の公共又は公益の用に供する施設（土地を含む。）をいう。

九　事業主　開発事業等に関する工事の請負契約の発注者又は請負契約によらないで自らその工事を施工する者をいう。

十　リゾート・マンション等　リゾート・マンション、メンバーズホテル、コンドミニアム型のマンション等の名称のいかんを問わず、一棟の建物に構造上区分された数個の部分で独立して住居、店舗、事務所又は倉庫その他建物としての用途に供することができるものをいう。

十一　屋外広告物　屋外広告物法（昭和24年法律第89号）第2条第1項に定めるものをいう。

十二　建築物等　建築物、工作物及び屋外広告物をいう。

（この条例の原文では、第3条第1号では、「建築物」、「特殊建築物」及び「建築」という3個の用語を掲げて、それらの用語を定義しており、第4号では、「開発事業」と「開発事業等」という2個の用語をそれぞれ定義しているが、各号にはそれぞれ1つの用語だけを掲げて、その用語を定義するのが立法の通例である。従って、原文の条例を改めたことから、号の全体数が3つ増えて第12号にまでになっているわけである。）

とにかく、第3条の定義規定を正規の「号建て」にすると、以上のようになるのである。（ゴシック体にした号があるのは、これらの各号が次に述べるような問題があることからその旨を明確にするためであり、法文において

ゴシック体を用いるという訳ではない。）

　以下ゴシック体の各号に掲げられた用語を問題に供することとする。

　第2号に掲げられた「特殊建築物」という用語は、次のように、第12条第1項第4号にだけ、一度登場するだけである。

　四　特殊建築物の建築で、地上2階建て以上のもの又は敷地面積が250平方メートル以上のもの

　この第4号中「特殊建築物」の代わりに、第3条第2号の「特殊建築物」の定義文を用いて次のように表現すれば、第3条第2号に掲げる「特殊建築物」の定義は不要となる。

　四　建築基準法第2条第2号に掲げる建築物の建築で、地上2階建て以上のもの又は敷地面積が250平方メートル以上のもの

　次に、第6号に掲げる「開発事業」という用語は、第7号に掲げる「開発事業等」という用語の定義文を書く都合のためだけに存在意義があるものであるから、第6号と第7号とは合わせて次のようにすべきである。

　六　開発事業等　主として建築物の建築又は工作物の建設の用に供する目的で行う土地の区画形質の変更並びに建築物の建築又は工作物の建設をいう。

　この第6号の「並びに」より前の部分は、旧第6号の「開発事業」の定義文それ自身であり、「並びに」以下の部分は旧第7号の定義文自身である。もっとも、この「開発事業等」という用語がこの第3条以降で初めて登場するのは第4条第3項であり、同項は次のように規定している。

　3　村は、開発事業等が実施される場合には、豊かな自然景観及び良好な生活環境を保全するため、事業主に対し適切な指導を行わなければならない。

　この第3項の条文中「開発事業等」を、第3条第6号に掲げる「開発事業等」の定義文に置き代えれば、第3条第6号に掲げる「開発事業等」という用語の定義は不要となり、この第4条第3項の案文は次のようになる。ゴシック体の箇所が「開発事業等」の定義文である。

> 3　村は、主として建築物の建築又は工作物の建設の用に供する目的で行う土地の区画形質の変更並びに建築物の建築又は工作物の建設（以下「開発事業等」という。）が実施される場合には、豊かな自然景観及び良好な生活環境を保全するため、事業主に対し適切な指導を行わなければならない。

　かくして、第3条第6号に掲げる「開発事業等」の定義は不要となるのであるが、第3条第9号に掲げる「事業主」という用語の定義も、前記改正した第4条第3項中の「事業主」の箇所を、第3条第9号に掲げる「事業主」という用語の定義文に置き換えることにより、第3条第9号に掲げる「事業主」という用語の定義も不要となる。このようにして、第4条第3項は、再度改めることとして、次のような案文になるのである。ゴシック体の箇所が「事業主」という用語の定義文である。

> 3　村は、主として建築物の建築又は工作物の建設の用に供する目的で行う土地の区画形質の変更並びに建築物の建築又は工作物の建設（以下「開発行為等」という。）が実施される場合には、豊かな自然景観及び良好な生活環境を保全するため、**開発行為等に関する工事の請負契約の発注者又は請負契約によらないで自らその工事を施工する者**（前項及び以下「事業者」という。）に対し適切な指導を行わなければならない。

　第12号は、「建築物等」という用語を「建築物、工作物及び屋外広告物をいう。」と定義しているが、この用語の定義をしないこととし、その代わりに、「建築物等」が初めて登場する第7条第2項第2号の「建築物等の規模、意匠及び色彩に関すること。」を次のように改正すれば良いのである。

> 二　建築物等（工作物及び屋外広告物を含む。以下次号において同じ。）の規模、意匠及び色彩に関すること。

　次に、順序が逆になったが、第3条第5号は「開発区域」を定義して「開発事業を施工する土地の区域をいう。」としているのを、この定義をしない代わりに、この「開発区域」という用語が初めて登場する第12条第1項第1号中の「開発区域」を「開発事業等を施工する土地の区域」に改めるもので

あり、第24条にも「開発区域」が登場することから、これも含めて第12条第
1項第1号は、次のような案文にすることができる。

> 一　開発事業等を施工する土地の区域（第24条において「開発区域」という。）
> の面積が500平方メートル以上5万平方メートル未満の開発事業等

第4条から第11条まで、及び第四章の「章名」について、「美しい」、「美
しい景観」、「美しい環境」というように「美しい」という形容詞が頻繁に用
いられていることのほかは格別問題はない。この「美しい」という形容詞に
関しては後述することとする。

第12条第1項の各号列記以外の部分中「（以下「事前協議書」という。）」
の箇所は不要であり、削除すべきである。なぜならば、この箇所以外には「事
前協議書」という用語は登場しないからである。

第13条は、「（以下「事前協議」という。）」とあるが、この「事前協議」
という用語が登場するのは唯の2回だけなのであり、このような場合には、
その「事前協議」の登場する箇所を明記することであり、「（以下次条第2項
及び第15条において「事前協議」という。）」と表現するのである。

第14条から第16条までは、格別問題はない。

第17条は、事業主は、「開発計画書」を村長に提出してその承認を得なけ
ればならない旨を規定し、村長に提出した「開発計画」が承認されるための
基準は、第19条第1項各号に列記されている「承認の基準」を充足しなけれ
ばならないわけである。提出された開発計画書がこの「承認の基準」を充足
しているか否かの判断は専門技術的なものであることから第18条第2項によ
り、村長は、第26条に規定する「明徳村むらづくり審議会」に諮問するもの
と規定しているわけであり、この点は格別問題はない。

第20条は、開発協定は、本村（明徳村）と事業者との間で締結されるも
のである。つまり、開発協定を締結することのできる「法主体」（開発協定
を締結することのできる両当事者）は本村と事業主なのであるが、本村は、
「法人」であるから、この法人たる本村を代表して（自然人、個人である）「村
長」がこの開発協定の締結手続を事業主と行うということになる。従って、
第20条中「村長」は「村」に改めるべきである。

　第21条及び第22条は格別問題はない。

　第23条は、各号列記以外の部分中で「次の各号のいずれかに該当したときは、……村長に届け出なければならない。」と規定し、「工事に着手したとき（第1号）。工事を完了したとき（第2号）。工事を廃止したとき（第3号）。」が、まさに「次の各号」であるから、事業主は、工事に着手したときに村長にその旨を届け出なければならないし、工事を完了したときにその旨を村長に届け出なければならないし、工事を廃止したときにその旨を村長に届け出なければならないことを規定しているわけであり、この規定内容はその通りなのであるが、法文の規定方法としては珍しい表現である。これは、次のような案文が普通である。

　（工事の着手等の届出）
　第23条　事業主は、開発事業等に係る、工事に着手したとき、工事を完了したとき又は工事を廃止したときは、各々その旨を村長に届け出なければならない。

　第24条の条文の「見出し」が「立ち入り調査」とあるが、これは名詞形にして「立入調査」とすべきであり、「立入調査」の規定の立法例は、次のように表現する^(注)。

　（立入調査）
　第24条　村長は、この条例の目的を達成するために必要な限度において、その職員に開発区域に立ち入り開発事業等の実態を調査させ、関係者に対して、指示、指導を行わせることができる。
　2　前項の規定により立入調査をする職員は、その身分を示す証明書を携帯し、関係者に提示しなければならない。
　3　第1項の規定による立入調査の権限は、犯罪捜査のために認められたものと解してはならない。

　第25条は、格別問題はない。

　第26条第1項中「（以下「審議会」という。）」とあるのは、この「審議会」は、これ以降には次の第2項にだけ登場するのであるから「（以下次項にお

いて「審議会」という。)」とすべきである。

　第27条は、第1項において「勧告」を受ける違反行為の態様を明確に規定すべきである。第2項についても「氏名公表」される者が特定できるように規定すべきであり、第3項については、「氏名公表」されても勧告に従わない者に対する措置を規定すべきであり、これらを踏まえて、第27条は、次のような案文が考えられる。

（違反に対する措置）

第27条　村長は、事業主又は工事施工者が第21条第3項の規定に違反して工事に着手したときは、当該工事の停止を勧告することができる。

2　村長は、事業主又は工事施工者が第25条第1項に規定する検査を拒み、妨げ又は忌避したときは、当該検査を受けることを勧告することができる。

3　村長は、事業主又は工事施工者が第25条第2項に規定する指導を拒み、妨げ又は忌避したときは、当該指導に従うように勧告することができる。

4　村長は、前3項の勧告を受けた者が当該勧告に従わないときは、当該従わない者の氏名若しくは名称及び勧告に従わない旨を公表することができる。

5　村長は、第1項から第3項までに規定する勧告を受けた者が、前項の規定によりその勧告に従わなかった旨を公表された後において、なお、正当な理由がなく当該勧告に係る措置を執らなかったときは、当該勧告を受けた者に対し、期限を定めてその勧告に係る措置を執るべきことを命ずることができる。

　第28条の条文の「見出し」は「規則への委任」とすべきである。

　以上のようにこの条例の数箇条を改めたことから、改められた規定に違反した者に対する罰則を規定することにより、この条例の実効性を担保する必要があり、この「罰則」について以下のような案文を考えることができる。

（罰則）

第29条　第24条第1項の規定による調査を拒み、妨げ、又は忌避した者は、20万円以下の罰金に処する。

2　第24条第1項の規定による指示又は指導を拒み、妨げ、又は忌避した者は、

20万円以下の罰金に処する。

第30条　第27条の規定による命令に違反した者は、50万円以下の罰金に処する。

第31条　第25条第3項の規定に違反して工事完了届を提出しなかった者は、5万円以下の過料に処する。

第32条　法人の代表者又は法人若しくは人の代理人、使用人その他の従業者が、その法人又は人の業務に関し、前3条の違反行為をしたときは、行為者を罰するほか、その人に対しても、各本条の刑を科する。

　最後に、最初に遡って、この条例を鳥瞰するに、題名が「美しいむらづくり条例」とあることを初めとして、「美しい景観」、「美しい環境」、「美しく住みよい」というように「美しい」が数多く登場するのであるが、この「美意識」なるものは極めて主観的なものであり、それでいて「当たり障りのない」無難な表現でもあり、突き詰めて行くと掴み所のないものであることから、「美しい」に代替する用語があれば、「美しい」は出来るだけ避けるべきである。また、「美しい」に代替する用語がない場合には、ただ単に「美しい」を削除することもあり得るのである。このような観点から見て、この条例の題名も「明徳村むらづくり条例」と改めることとし、「美しい」は用いないこととすべきである。次に、「美しい景観」については、「景観」という用語自体に「美しい」の意味が込められてあると考えること、また、第4条第3項及び第21条第2項では「豊かな自然景観」と表現されていることから、「美しい景観」は「豊かな自然景観」に改める方がよいのではなかろうか。次に、「美しい環境」は「自然環境」と置き換えてよいと思われる。さらに、「美しく住みよい」は、単に「住みよい」に改めるべきである。

（注）立法例には「立入検査」とするものがあり、むしろこの方が多いのである。

審査のポイント ☞

　「美しい」という形容詞を用いることは、これを他の表現でもって代替し得る場合には、出来るだけ避けるべきである。この「美しい」の捉え方は個々人により相違があり、美意識は極めて主観的なものであるから、客観的であるべき法文（条文）にはなじまないものである。

27 菊庭町みどりの保護育成及び活用に関する条例

（目的）

第1条　この条例は、みどりの保護、育成及び緑陰の活用を図り、もって町民の快適な生活環境を確保することを目的とする。

（定義）

第2条　この条例において、次の各号に掲げる用語の意義は、当該各号に定めるところによる。

一　みどり　町内にある樹木、竹林、樹林、生垣、草花等をいう。

二　みどりの保護　みどりを維持するための管理をいう。

三　緑化　みどりの増殖をいう。

四　事業者等　町内で事業活動を行う者をいう。

五　所有者等　町内で土地、建物及びその他の施設を所有、占有又は管理する者をいう。

（町長の責務）

第3条　町長は、みどりの保護、育成及び緑化を図るため、次の各号に掲げる施策を行うものとする。

一　公園（菊庭町都市公園条例（昭和58年条例第7号）第8条に規定するものをいう。）の設置による緑化推進

二　町有地及び町有施設のみどりの保護、育成及び緑化

三　町民、事業者及び所有者等に対する緑化知識の普及、緑化の啓蒙及び緑化指導

四　前号のほかみどりの保護、育成及び緑化に関する事項

（町民等の責務）

第4条　町民、事業者及び所有者等は、自らみどりの保護と育成に努めるとともに、この条例に基づく施策に協力しなければならない。

（私有地の緑化の指導等）

第5条　町長は、千平方メートル以上の土地の所有者等に対して、緑化の指導を行うことができる。

2　町長は、私有の駐車場の事業者及び空き地の所有者に対し、緑化に努める

よう指導を行うことができる。

3　町長は、私有地の所有者等に対して、その私有地に属するブロック塀を生垣に改造し、あるいは新たに生垣を造成するよう奨励することができる。

（白菊の森の指定）

第6条　町長は、第1条の目的を達成するため、特にみどりの保護、育成が必要と認める地域を、白菊の森に指定することができる。ただし、私有地については、所有者等の同意を得なければならない。

2　前項の規定により白菊の森に指定した場所は、町がみどりの保護、育成のために所有者等に対し、適切な指導を行うとともに、町民のいこいの場として必要な措置を講ずるものとする。

（保存樹木等の指定）

第7条　町長は、自然環境の現状を確保するため、特に保護、育成を必要と認める樹木又は樹林を、あらかじめ所有者等の同意を得て特別保存樹木、保存樹木又は保存樹林（以下「保存樹木等」という。）に指定することができる。

（標識の設置）

第8条　町長は、第6条の規定により指定した白菊の森及び第7条の規定により指定した保存樹木等には、これを標示する標識を設置するものとする。

（遵守事項）

第9条　白菊の森及び保存樹木等に変更があった場合、新たに所有者となった者は、速やかにその旨を町長に届け出なければならない。

2　白菊の森及び保存樹木等の所有者等は、そのみどりの現状を変更するとき又は変更があったときは、速やかに町長に届け出なければならない。

（指導及び助言）

第10条　町長は、前条の届出があったときは、必要な指導及び助言並びにその他の措置を講ずることができる。

（指定の解除等）

第11条　町長は、公益上その他特別な理由があると認めるときは、白菊の森及び保存樹林等の指定を解除することができる。

2　所有者等は、前項の規定による白菊の森及び保存樹木等の指定を解除すべき旨を町長に申請することができる。

（調査）

第12条　町長は、この条例の目的を達成するため必要と認めるときは、職員に
　　その状況を調査させることができる。

2　前項の場合において職員は、その身分を示す証明書を携帯し、関係者の請
　　求があったときは、これを提示しなければならない。

（助成措置等）

第13条　町長は、みどりの保護、育成及び緑化を推進するため、所有者等に対
　　し、次の各号に定める助成を行うことができる。

　一　第5条第3項に規定するブロック塀を生垣に改造し、又は新たに生垣を
　　　造成するための費用の一部

　二　第7条に規定する保存樹木等の維持管理に要する費用の一部

（みどりの存する土地の買入等）

第14条　町長は、良好な自然環境を確保するため、特に必要と認めるみどり又
　　はみどりの存する土地を借り受け、又は買入れるよう努めなければならない。

（事業等への参加）

第15条　町長は、みどりの育成を図るため適当と認めるときは、菊庭町内に限
　　らずみどりの育成及びみどりのトラスト運動等に参加することができる。

（委任）

第16条　この条例の施行に関し必要な事項は、規則で定める。

　　　附　則

1　この条例は、平成25年4月1日から施行する。

2　菊庭町みどり保全条例（平成18年菊庭町条例第21号）は、廃止する。

条例クリニック☞

　この条例の「題名」は、「みどりの保護育成及び活用に関する条例」とあ
るが、ここで「みどり」という表現は、いうならばあるものを象徴したとい
うことが大体推測できるのであるが、法令（条例）においては、このような
象徴的表現や、比喩、暗喩等の表現を用いることは、そのような表現のある
条文規定は、色々な解釈を生み出す原因となることから、出来るだけ避ける
べきなのである。このことが、詩歌や小説等の文学作品における文章との相

違であるといえるのであり、文学作品に書かれているような意味深長な、あるいは味わいのある文章、深みのある文章で書かれることに倣ったように、法律の分野において、条文、文言の行間を読むべきなどということは、およそあってはならないことなのである。法文の世界では単刀直入に必要最小限度の表現がなされる文章であること、もっとも、このことは必ずしも文章（条文）の長短とは関係はなく、結果としては「味も素っ気もない」文章の条文であることが法文としては求められるものなのである。以上の点を踏まえて、本条例の題名と第1条及び第2条とをまとめて検討することとする。

　第1条は、題名を前提として「みどりの保護、育成及び緑陰の活用を図り」と規定するが、ここで「みどり」とは、植物、平易ないい方をすれば「草木」を意味するわけであるが、この条例の起案者も「みどり」という比喩的な表現をしたことで多少の気掛かりがあったためか、第2条の「定義」規定では、第1号において「みどり」を定義している。しかし、定義で「……等」というようにこの「等」を付けることは定義したもの、従って、限定したものを曖昧なものにしてしまうことになるのである。つまり、定義した事柄が「これよりも他にも有る」という意味になるからである。この「等」を付けたい気分は、日本語には、英語のように名詞の単語の複数形というものがなくその代わりに「等」を付けるのが一般的であり、日常の会話では、例えば、「A、B、C、D等は釣り人である。」といえばこの「A、B、C、Dの4人が釣り人である。」と了解される訳であって格別問題ではない。しかし、これが法文の世界では、「A、B、C、D等は釣り人である。」と記載した場合には、このA、B、C、Dは釣り人であるが、それに「等」に含まれる人が有る（誰かは分からないが）こととなるのである。もっとも、そのようなつもりであるならば、ここは「A、B、C、D及びその他の規則で定めるもの」と規定すべきなのである。とにかく、「みどり」とは、「草木」の比喩であるから、第1号の「みどり」及び第2号の「みどりの保護」も、「草木」及び「草木の保護」ということであり、そうなるとこれらの定義は、社会一般通念と何ら変わるところがないことから定義する必要はない。第3号の「緑化」という用語も同様の理由から定義する必要はない。第4号は「事業者等」という用語を定義して「町内で事業活動を行う者をいう。」と規定しているが、こ

れは正に社会一般でいうところの「事業者」そのものであり、従って、敢えて定義する必要はない。もしこれが、条例の趣旨目的に相応して、建設業だけに限定されるというのであれば、「四　事業者等　町内で建設事業又は建設関連の規則で定める事業を行う者をいう。」と規定することとなり、定義する必要があることとなる訳である。第5号の「所有者等」という用語の定義はここに定義する通りで問題はないが、これを第2条において定義する方法と、定義しないで、この「所有者等」が最初に登場する第3条第3号の表現を工夫する方法が考えられる。

　ところで、本条例は、前述のように「みどり」を「草木」に改めることから、条例の題名は「菊庭町草木の保護育成及び活用に関する条例」となるわけである。この点は良いとして、第1条は「みどり」を「草木」に改めて次のような案文になるわけである。

（目的）

第1条　この条例は、草木の保護及び育成並びに緑陰の活用を図り、もって町民の快適な生活環境を確保することを目的とする。

　さらに、前述のように「みどり」、「みどりの保護」及び「緑化」は比喩的であることや、社会一般通念と同義であるから定義しないが、この条例の起案者の意思としては、「みどり」、つまり「草木」には何らの限定もしていないことは問題なのである。しかし、それで良いのであろうか。これは、立法技術の問題ではなくて立法政策の問題であるが、第1条は、保護育成の対象であるものは「みどり」、これを「草木」に改めたわけであるが、この「草木」には何らの限定もない。従って、観賞用の草花、観賞用の花木類、植木、盆栽、薬草は良いとして、いわゆる雑草、取り分け花粉症の原因となる草木、毒草及び有毒な樹木（例えば、曼珠沙華、セイタカアワダチソウ、トリカブト、ウルシ、馬酔木、夾竹桃）等に至るまで一律に「保護育成」の対象になるわけである。ところで、我が国の気候は、温暖で雨も良く降り、草木の生育には最適な気候なのであるから、何ら人手を加えなくても草木は生育し、むしろ生育し過ぎて、繁茂し、その一方では、繁茂し過ぎた草木を除去し、処理することにより生活環境を保全するための条例の制定を見ることの方が

多いのであるが、本条例は、その正反対の目的を規定するという、希有な条例である。

　かくして、保護育成の対象たる「草木の種類」には何らの限定をもしないで、ただ、ひたすらに「草木の保護及び育成を図る」ということは一体何なのであろうか。これでは、この町の全領域は、気がついてみたら大森林と大草原、深草の里、否、深草町になってしまうのではなかろうか。そうなると、第1条の目的である「町民の快適な生活環境を確保する」には程遠い結果となるのである。

　とにかく、草木の種類を問わずその「保護及び育成を図り」ということで「町民の快適な生活環境を確保すること」は、一般的に考えて達成は難しいのではないか。

　もっとも、再考するに、この町も、当世風に鉄筋コンクリート造りの建物その他の施設がほとんどであり、公園、広場、すべての道路、街路地、建物の外壁等はすべて鉄筋、石造りや、アスファルトであり、このため、夏の到来とともに、例えば最高温度が35度にもなる猛暑日が多い気候の町であるという事情があると想定されるならば、このような都市特有の猛暑高温を緩和するものとして、とにかくは植物の種類を問わずそれを繁茂させることを第一義的に行うことはあながち否定すべきものではないのかも知れないと思われる。

　更に第1条の規定を見るに「緑陰の活用を図り」と規定しており、この点に注目するならば、多分に、この町は、特に夏季には日差しが強く、このために街路や、公園、広場等の場所においては日陰となる樹木類を多く植栽することにより、人が通行し、又は集合する街路、公園、広場等の公共の場所に日陰を提供することが、この条例の目的とする「町民の快適な生活環境を確保すること」であるとも考えられるのである。

　とにかく、このような条例が制定されるということは、この町には余程特別な事情があるものと思われるのである。しかし、仮に、このような特別の事情があるにしても、それは伺い知ることはできないのであるから、一般的な見地から「条例の批判」をするわけなのである。

　第3条は、条文の「見出し」を、「町長の責務」ではなく「町の責務」と

すべきである。

　また、各号列記以外の部分中「町長は、」を「町は」に改めるべきである。第3号は、前述のように「所有者等」という用語を定義しないこととした代わりに次のようにする。

　なお、第3号中「啓蒙」を「啓発」に改めるべきである。

三　町民、事業者及び町内の土地、建物その他の施設を所有し、占有し、又は管理する者（以下「所有者等」という。）に対する緑化知識の普及、啓発及び緑化の指導

　第3条第4号は、「みどり」を「草木」に改めるべきである。

　第4条は「訓示規定」と解して格別問題はない。

　第5条第1項及び第2項については、私人に対してこのような「指導」をする必要があるのかは問題なしとはいい切れないように思われる。

　第6条は、「みどり」を「草木」に改めるべきである。ところで、なぜ「白菊の森」という名称なのか。格別に白菊が多く生育している森というものでもないようであるが。

　第7条は、「特別保存樹木、保存樹木又は保存樹林」とあるが、ここで、樹木を「特別保存樹木」と「保存樹木」に分ける実益はない。要するに保存の対象であるものは個々の樹木と個々の樹木の集団なのであるから「保存樹木」と「保存樹林」とすることで足りるわけである。もしこれが、以下の条文においてこの「特別保存樹木」と「保存樹木」について格別に規定する条文があるならばこの両者を分ける必要性は認められるのである。また、特に保護及び育成の必要がある樹木又は樹林がすべて個人の所有とは限らないわけである。かくして、第7条は、次のような案文にすべきである。

（保存樹木等の指定）

第7条　町長は、自然環境の現状を保全するために特に保護及び育成を必要と認められる樹木及び樹林を保存樹木及び保存樹林（以下「保存樹木等」という。）に指定することができる。この場合において、当該指定に係る樹木又は樹林が個人の所有に係るものであるときは、あらかじめ当該所有者の同意

を得なければならない。

　第8条は、「第6条の規定により指定した白菊の森及び第7条の規定により指定した保存樹木等についてはこれを標示する標識を設置するものとする。」とすることから、具体的には、「白菊の森」であることを標示する標識並びに保存樹木であることを標示する標識及び保存樹林であることを標示する標識の設置をすることとなるわけである。また、「これを標示する標識を設置するものとする。」とあるが、これはもっと具体的にどこに設置するのかについても規定するのが立法例である。かくして、第8条は、次のような案文になると考えられる。

（標識の掲示）
第8条　町長は、森の見やすい場所に、当該森が白菊の森であることが容易に識別できる標識として規則で定める様式のものを掲示するものとする。
2　町長は、樹木の個体の見やすい箇所に、当該樹木が保存樹木であることが容易に識別できる標識として規則で定める様式のものを掲示するものとする。
3　町長は、樹林の見やすい場所に、当該樹林が保存樹林であることが容易に識別できる標識として規則で定める様式のものを掲示するものとする。

　第9条は、第1項と第2項に分けて「届出義務」を規定しており、第1項は「新たに所有者となった者」の届出義務であり、第2項は従来からの所有者（等）の届出義務を規定するわけであるが、無用な区分けである。要するに、白菊の森又は保存樹木等の所有者がその所有に係る「白菊の森又は保存樹木等」に変更があった場合又は変更をしようとする場合にはそのことを町長に届け出なければならないということであり、その変更の時点ではなく、届出の時点で所有者（等）であれば良いのである。従って、本条は2つに分けて規定する必要はないこととなる。ところで、第1項の「白菊の森及び保存樹木等に変更があった場合」とは具体的にはどのような変化をいうのであろうか。第6条第1項によれば「特にみどりの保護、育成が必要と認める地域」が「白菊の森」の指定要件であり、その「みどり」つまりは「草木」の

種類は問わないのであるから、「白菊の森」の植生に変化があることは「変更があった」とはいえないと思われる。次に、「保存樹木等に変更があった場合」とは、保存樹木が枯れてしまう、又は保存樹林を構成する樹木の相当部分が枯死するとか、落雷、強風、火災等で樹木の個体の損傷、樹木の倒壊又は焼失というようなことであろうか。

　また、第2項では「そのみどりの現状を変更するとき又は変更があったときは」と規定するが、「そのみどりの変更」とあり、この「みどり」は前述のように「草木」の意味であるとして、やはりこの「変更」とは、具体的にはどのようなことをいうのか明白ではない。繰り返すようであるが、この条例では「みどりの保護及び育成」という場合の「保護及び育成」の対象である「みどり（草木）」の種類を問わないのであるから、従って、「変更」の意味が明白ではないわけである。

　しかし、この点は措くとして、さらに、第2項では「そのみどりの現状を変更するとき又は変更があったときは、速やかに」とあるのは、これもこの条例の起案者は「草木の植生の現状を変更しようとするときは事前に、又は現状に変更があったことを知ったときは速やかに」にというつもりなのであろうか。そうであるとしても、また同じことをいうことになるが、「白菊の森」、これは第6条第1項によると「特にみどりの保護、育成が必要と認める地域」が指定されるのであるが、この「みどり」、つまりは「草木」であればその種類は問わずに保護育成の対象である以上は、その草木の植生、種類に変更があった（第1項）、あるいはその草木の植生、種類を変更する、変更しようとするとき（第2項）「届出」義務には何の意味があるのであろうか。それとも、第1項及び第2項を通しての「変更」とは、「白菊の森」の下生えの草木の枯死、焼失等をいうのであろうか。それならば、「変更」と表現しないで、端的に「白菊の森の下生えの草木が枯死、焼失その他規則で定める事由により消滅し、又は消滅するおそれがある場合」と規定すべきである。

　第10条は、町長の「指導及び助言」が受け入れられなかったとき、つまり、町長の指導に従わなかった者、又は町長の助言に従わなかった者に対する処置は何ら規定されていないのであるが、とにかく、この条例全体にいえることとは、「個人の自由」に対する不必要な干渉となり得るわけであり、このよ

うにしてまでも「草木の保護育成」をしなければならないことの「公益上の理由」が何であるのか明らかではないのである。また、「並びにその他の措置」とあるが、どのような措置なのかを明記すべきである。

第11条は、格別の問題はない。

第12条は、第1項が「職員にその状況を調査させることができる」と規定するが「その状況」とは何か、どこを調査するのか調査の対象及び場所が明確ではない。

第13条は、「みどりの保護」は「草木の保護」に改めるべきである。

第14条及び第15条中「みどり」は「草木」に改めるべきである。もっとも、第15条中「みどりのトラスト運動等」とあるところの「みどりのトラスト運動」というものが固有名詞であるならば、この箇所の「みどり」は「草木」に改めることはできないわけである。

第16条は、条文の「見出し」を「規則への委任」に改め、「この条例に定めるもののほか、この条例の施行に関し必要な事項は、規則で定める。」と規定するのが立法例である。

審査のポイント☞

法文において、比喩的、暗喩的、隠喩的な表現は絶対に避けるべきである。暗喩的な表現の法文は、初めから多義的な意味内容の文章となり、諸々の解釈を生み出すこととなるからである。

用語の定義において「等」を用いるべきではない。この「等」を用いることにより、定義される事項を限定、特定することができなくなるからである。この「等」に代替するものとしては「規則、規程」に委任することである。

28　薄田町街並み景観条例

　　険しい尾根を越えて非常に美しい風変わりな盆地に入った。ピラミッド型の杉の林で覆われ、その麓に金山の町がある。ロマンチックな雰囲気の場所である。私は2、3日ここに滞在したいと思う……

（明治11年7月）

　イサベラ・バート女史（英国地理学会特別会員）の「日本奥地紀行」の一節より

　わたくしたちの町薄田は、羽州街道沿いに開けた宿場町で、白壁造の土蔵・住まいが周囲の山々の緑に映える落ち着いた街並みは、バート女史が訪れて1世紀過ぎた今もあまり変わりなく常緑杉山四方にめぐらして光静けき水清き町を形づくっている。

　わたしたちの町は、この町民の共有する貴重な財産である薄田らしい街並みや自然を保ち、さらにつくり上げて後世に引き継ぐことがわたしたちに課せられた重大な責務と考える。しかし、近年必ずしも町の風土、環境になじまない家並みが目立ちはじめる等、ふるさとのよさが失われつつある。

　いまこそ、わたしたち町民は、英知と総意を結集し、永遠に居住するこの薄田町を、より美しく誇り高い郷土につくり上げることを決意し、この条例を制定する。

（目的）

第1条　この条例は、個性豊かな街並み、自然の美観の維持及び増進並びに新しい街並み景観の形成に必要な事項を定め、もってわたしたちが自らの手でより快適で誇り高い郷土につくり上げることを目的とする。

（定義）

第2条　この条例において次の各号に掲げる用語の意義は、当該各号に定めるところによる。

　一　街並み景観の形成　薄田らしい優れた街並み景観を保ち、さらにつくり上げることをいう。

　二　建築物等　建築基準法（昭和25年法律第201号）第2条第1号に規定す

る建築物及び建築物以外の工作物で別に定めるものをいう。

　三　町民及び事業者等　町民及びその他の施主又は施工、設計を業として行う者をいう。

（町の責務）

第3条　町は、この条例の目的を達成するための基本的かつ総合的な施策を策定するよう努めるとともに、これを実施しなければならない。

2　町は、前項の施策の策定及びその実施に当たっては、町民及び事業者等（以下「町民等」という。）の意見が十分反映されるよう努めるものとする。

3　町は、公共事業等の施行に際し、街並み景観の形成に先導的役割を果たすよう十分に配慮する。

4　町は、町民等が街並み景観の形成に寄与することができるよう街並み景観形成に関する調査、研究、知識の普及、啓発を図る等の必要な措置を講じなければならない。

（町民等の責務）

第4条　町民等は、自ら進んで街並み景観の形成に寄与するよう努めるとともに、街並み景観形成に関する町の施策に協力するよう努めるものとする。

2　町民等は、街並み景観の形成に寄与するために相互に協力するものとする。

（指定）

第5条　町長は、街並み景観の形成を図るために必要な地域を街並み景観形成地域及び街並み景観形成特定地区として指定するものとする。

2　街並み景観形成地域は、次の各号の一に該当する地域について指定するものとする。

　一　都市計画法（昭和43年法律第100号）第5条第1項の規定により指定された薄田町都市計画地域

　二　その他町長が街並み景観の形成のために必要と認める地域

3　街並み景観形成特定地区は、次の各号の一に該当する地域について指定することができる。

　一　前項各号に規定する地域内で、特に景観の保全、創造及び修復の必要がある地区

　二　その他町長が街並み景観の形成のために必要と認める地区

4　町長が、街並み景観形成地域及び街並み景観形成特定地区を指定しようと

するときは、あらかじめ薄田町街並み景観審議会の意見を聴かなければならない。

5　町長は、街並み景観形成地域及び街並み景観形成特定地区を指定したときは、これを告示しなければならない。

6　前2項の規定は、街並み景観形成地域及び街並み景観形成特定地区を変更する場合について準用する。

（街並み景観形成基準）

第6条　町長は、街並み景観形成地域及び街並み景観形成特定地区を指定したときは、当該街並み景観形成地域及び街並み景観形成特定地区ごとに街並み景観の形成のための基準（以下「街並み景観形成基準」という。）を定めるものとする。

2　街並み景観形成基準は、次に掲げる事項のうち必要なものについて定めるものとする。

一　建築物等の規模及び敷地内における位置形態

二　建築等の意匠、色彩及び素材

三　建物等の1階部分及び屋上の形態

四　敷地の緑化措置

五　その他街並み景観の形成のために町長が必要と認める事項

3　前条第4項及び第5項の規定は、街並み景観形成基準を定め、又は変更した場合について準用する。

（行為の届出等）

第7条　街並み景観形成地域及び街並み景観形成特定地区において次の各号に掲げる行為をしようとする者は、規則で定めるところにより、あらかじめその内容を町長に届出なければならない。

一　建築物等の新築、増築又は改築

二　建築物等の外観の大規模の模様替え又は色彩の変更

三　宅地の造成及びその他の土地の形質の変更

四　その他街並み景観の形成に影響を及ぼすおそれのある行為で規則で定めるもの

2　前項の規定は、次に掲げる行為については適用しない。

一　規則で定める通常の管理行為又は軽易な行為

　二　国、地方公共団体その他規則で定める公共団体が行う行為

（街並み景観形成基準の遵守）

第8条　前条第1項各号に規定する行為をしようとする者は、当該行為が街並み景観形成基準に適合するように努めるものとする。

（街並み景観形成基準に基づく助言及び指導）

第9条　町長は、第7条第1項の規定による届出があった場合においては、当該届出をした者に対し、街並み景観形成基準に基づき必要な措置を講ずるよう助言し、又は指導することができる。

2　町長は、前項の規定により助言し、又は指導する場合においては、薄田町街並み景観審議会の意見を聴くことができる。

（街並み景観審議会）

第10条　町長の付属機関として、薄田町街並み景観審議会（以下「審議会」という。）を置く。

2　審議会は、この条例に定めるもののほか、町長の諮問に応じ街並み景観の形成に関する基本的な事項又は重要事項を調査審議するものとする。

3　審議会は、街並み景観の形成に関する事項について、町長に意見を述べることができる。

4　審議会の組織及び運営に関し必要な事項は、町長が別に定める。

（援助）

第11条　町長は、街並み景観の形成のために必要な行為をしようと認める者に対し、技術援助を行い、又はその行為に要する経費の一部を助成し、若しくは融通することができる。

（規則への委任）

第12条　この条例において、別に定めるもののほか、この条例の施行に関し必要な事項は、規則で定める。

　　　　附　　則

この条例は、公布の日から3月を超えない範囲内において、規則で定める日から施行する。

条例クリニック ☞

　条例の題名及び第1条については、格別問題はない。

　第2条は、第1号の「街並み景観の形成」という用語を定義して「薄田らしい優れた街並み景観を保ち、」とあるが、ここで「……らしい」という表現は、われわれの日常の会話では屡々用いられるものであるが、極めて主観的であり、この「……らしい」の受け止め方は人それぞれであるから、この「……らしい」を法文において、特に定義規定において用いることは、極力避けるべきである。法文においては、客観的な表現が求められるのである。このような観点から、第1号の「街並み景観の形成」を定義するとすれば、本条例の「前文」がその参考になり得て、前文の参考となり得る表現を踏まえて、次のような案文が考えられるのである。

　一　街並み景観形成　江戸時代から明治維新にかけての、わが郷里である宿場町、白壁造りの土蔵、往時の人々の住まいが立ち並ぶ在りし日の街並みの情景及び常緑杉山四方にめぐらして光静けき水清き郷里の、残されたかっての景観を保全することをいう。

　次に、第2号の「建築物等」の定義が「建築基準法（昭和25年法律第201号）第2条第1号に規定する建築物及び建築物以外の工作物で別に定めるものをいう。」とあるが、ここで「別に定めるもの」では明確ではなく、「規則」に委任することとして「規則で定めるものをいう。」とすべきである。

　第3号の「町民及び事業者等」を定義して「町民及びその他の施主又は施工、設計を業として行う者をいう。」とあるが、ここで「町民」は「町民」である以外には何らの定義もなされていない。従って第3号は「事業者等」についてだけ定義をすれば良いのである。そうなると「町民及び」を削り「その他の施主又は施工、設計を業として行う者をいう。」となるが、これだけでは「舌足らず」であり、定義としては不十分である。そこで第2号の「建築物等」という用語の定義の「建築物及び建築物以外の工作物」を用いて、第3号では、「事業者等」を定義する必要がある。しかし、この条例では「事業者等」という用語は、第3条第2項で一度だけ登場するにすぎないのであ

るから、この第3条第2項の「町民及び事業者等（以下「町民等」という。）」
の箇所の表現を工夫することで十分であり、従って、第2条第3号は不要で
ある。

　第3条は、前述のように第2項の表現を工夫する必要があり、第3条第2
項は、次の案文が考えられる。

> 2　町は、前項の施策の策定及びその実施に当たっては、町民、建築物若しく
> は工作物の所有者又は建築物若しくは工作物の工事の施主、施工若しくは設
> 計を業としている者（以下第4項及び次条において「町民等」という。）の
> 意見が十分に反映されるよう努めるものとする。

　第4条は格別問題はない。

　第5条は、第2項及び第3項中「一に」を「いずれかに」に改めるべきで
ある。

　第6条及び第7条は、格別問題はない。

　第8条は、「前条第1項各号に規定する行為」を「前条第1項各号に掲げ
る行為」に改めるべきである。なぜならば、前条第1項各号、つまり、第7
条第1項各号は、総て「名詞形」の文章を羅列したものであり、法規範を表
現したわけではないのだから、「規定する」のではなく、「掲げる」ことなの
である。

　第9条は、格別問題はない。

　第10条は、第1項中「（以下「審議会」という。）」を「（以下本条において
「審議会」という。）」に改めるべきである。なぜならば、この第10条の外で
は「審議会」は登場しないからである。第4項では「町長が別に定める。」
を「規則で定める。」に改めるべきである。

　第11条は、「町長は、」を「町は、」に改めるべきである。

　第12条は、格別問題はない。

　附則中「公布の日から3月を超えない範囲内」を「公布の日から起算して
3月を超えない範囲内」に改めるべきである。

審査のポイント ☞

　用語を定義する場合、「○○らしい」という表現は避けるべきである。「○○らしい」とは「知る人ぞ知る」の響きががあり、また、受け取る側の個々人により、その思うこと、感ずることに人それぞれの相違が生ずるおそれがあり、客観性に欠けることになるからである。

29 茜が窪村耕地防風林管理条例

（目的）

第1条　耕地防風林（以下「防風林」という。）の育成管理については、この条例の定めるところによる。

（定義）

第2条　この条例において防風林とは、村が造成し、又は管理する防風林をいう。

（防風林の保護）

第3条　村長は、防風林の育成管理を徹底するため、監視人を設けるものとする。

2　前項の監視人には年額報酬を支給するものとし、その額については予算で定める。

第4条　防風林の育成管理を助長するため、受益住民は常に樹木を保護し、異常があることを認めたときは、直ちにその旨を監視人又は村長に申し出なければならない。

第5条　防風林の区域内において、次に掲げる行為をしてはならない。ただし、村長の許可した場合は、この限りでない。

一　工作物の建設

二　家畜の放牧

三　樹木の伐採、敷地の侵墾等

四　その他樹木に被害を及ぼす行為

第6条　防風林の育成に必要な枝打ち及び雑草の採取は、受益者に無償で採取させることができる。ただし、間伐及び5年以上の古損木等についてはこの限りでない。

第7条　防風林の維持、育成に必要な下刈り、防そ溝の管理、薬剤散布等の管理作業は、受益者の組織する団体に委託することができるものとする。

（損害賠償）

第8条　第5条に違反したときは、損害を賠償しなければならない。

（雑則）

第9条　この条例のほか、必要な事項は、村長が定める。

> 附　則
> この条例は、平成25年4月1日から施行する。

条例クリニック☞

　第1条は、条文の「見出し」が「目的」となっていることから、この条例の起案者は、第1条を「目的規定」のつもりのようであるが、それでは何を目的とするのかということになる。第1条では「耕地防風林……の育成管理については、この条例の定めるところによる。」と規定していることから、耕地防風林の「育成管理」をこの条例の「目的」と考えているように受けとれるが、しかし、耕地防風林の育成管理と定めることによって、何を実現しようとするのかが明記されていない。「育成管理」はあくまでも手段にすぎないのではなかろうか。このように見て来ると、この条例では、目的規定を設けることは必ずしも適当ではなく、このような場合には、条例の規定内容をおおよそ理解できるような規定内容の「趣旨」規定を設けるのが一般的である。例えば、次のような案文である。

> （趣旨）
> 第1条　この条例は、本村が造成し、又は管理する耕地防風林に関し、必要な事項を定めるものとする。

　ところで、この第1条を、どうしても「目的規定」としたいのならば、何か、「目的」を掲げることである。たとえば、「村の農業生産の安定を図る」とか、「村の農家経営の安定に資する」のような目的を掲げることであり、次のような案文が考えられる。

> （目的）
> 第1条　この条例は、本村が造成し、又は管理する耕地防風林に関し必要な事項を定め、風害から農作物を護り、もって本村の農業経営の安定に資することを目的とする。

　この条例では、「耕地防風林」を「防風林」と短縮した表現をしているが、

僅か2文字の省略にすぎないし、防風林には種々の用度に適った形態がある
わけで、正確さを期すためにも、「耕地防風林」のままでよいと思われる。
また、「図ること」と「資すること」とでは、この耕地防風林があれば風害
による農作物の被害は少なくして、当初予定した農作物の収穫高が確保でき
るということならば「図ること」を用いた方が良いと思われるが、農作物の
被害は、風害だけではなく、害虫による被害や、天候不順等もあるというこ
とを考慮するものならば、むしろ「資すること」とする方が良いと思われる。

　第2条は、「防風林」は、この条例の「題名」の通りに「耕地防風林」とし、
「村が造成し、又は管理する防風林をいう。」と規定しているから、そうなる
とこの「耕地防風林」は、①村が造成し、かつ、管理する、②村が造成し、
村以外の者が管理する、③村以外の者が造成し、村が管理する、の3形態が
考えられる。②の場合には村が造成した耕地防風林の管理を村以外の者に委
託するのであるから、村は、委託した管理者に対して管理についての報告等
を求める規定が必要となるものと思われるが、この条例の起案者は②の形態
は念頭にはなかったものと思われる。

　第3条第1項は「村長は、……監視人を設けるものとする。」と規定して
いるが、これは、「村長は、……設ける」のではなく「村は、……設ける」
又は「村は、……置く」と規定すべきである。そして、この「監視人」はこ
の「村の職員を任命する」のか、そうであれば、第2項の報酬の規定は不要
である。これに対して、村の職員以外の者に「委嘱する」のであれば、第2
項の規定は必要である。

　次に、第2項は、監視人に対する年額報酬とその額は「予算で定める」旨
を規定しているが、この「年額報酬」とは、どういうことか、つまり、月々
支払うのではなく、年額を一度に支払うのか、何回かに分割して支払うのか
明らかではない。また、「予算で定める」のでは予算は単年度制であるから、
報酬の額は年によって変動することがあり得て、不安定である。これは報酬
の額の柔軟性を考えたのだと思われるが、柔軟性を考慮するならば、「報酬
の額は、◎.◎円から.●●円の範囲内で規則の定めるところによる。」とする
ことが考えられる。

　第4条は、「受益住民は……監視人又は村長に申し出なけれればならない」

とあるが、「申し出る」とある場合には、許可、認可を求めるように直接行政庁の作為を求める申請であるが、ここは、単に異常がある事実を通知するにすぎないのだから、「通知しなければならない」とか、「報告しなければならない」と規定すべきである。

第5条は、本文を「何人も、耕地防風林の区域内において、次に掲げる行為をしてはならない。」とすべきである。各号には、次のような行為を掲げることができる。

一　建物の建築又は工作物の建設
二　家畜の放牧又はその他規則で定める動物の放育
三　樹木の伐採その他樹木の生育を阻害する規則で定める行為
四　土地の開墾又は耕作その他土地の形質を変更する規則で定める行為
五　その他樹木の生育を阻害する規則で定める行為

第6条は、全体としては規定されている条文の意味内容は分かるのであるが、もう少し正確な表現が望ましいのであり、例えば以下のような案文が考えられる。

第6条　受益者は、耕地防風林の育成に必要な樹木の枝打ちによる落枝及び下草を無償で採取することができる。ただし、間伐による間伐材及び樹齢5年以上の枯れた樹木その他規則で定める樹木の採取については、この限りでない。

第7条は、この「委託することができるものとする。」の委託主が規定されていない。勿論これは「本村」なのであるが、ここは、やはりその委託主を明記すべきであり、従って、本条は、次のような案文が考えられる。

第7条　村は、耕地防風林の保全及び育成に必要な耕地防風林の下草刈り、防そ溝の管理及び薬剤散布その他の規則で定める管理作業は、受益者又は受益者の組織する団体に委託することができる。

第8条は、「第5条に違反したときは、損害を賠償することができる」と規定しているが、損害賠償は、民事法において、実損填補の原則があり、従っ

て、第5条に違反しても損害が生じなければ損害賠償請求権はあり得ない。また、この第8条の規定がないとしても、第5条の規定に違反した者がそのことで耕地防風林の所有者、管理者に損害を与えた場合には、これは民法（明治29年法律第89号）第709条から第724条までに規定する「不法行為」制度の適用の問題となるものである。従って、この条例の第8条は不要である。もっとも、第8条を罰則の規定として、第5条各号に掲げるいずれかの行為をした者に対して「罰金」若しくは「科料」を科すとか、又は「過料に処する」と規定するのならば意味のあることになる。

　第9条は、条文の「見出し」は「規則への委任」とすべきであり、これは次のように規定するのが一般的である。

（規則への委任）

第9条　この条例に定めるもののほか、この条例の施行に関し必要な事項は、規則で定める。

審査のポイント ☞

　長い文字数の用語を短縮することによって、その用語の本来の意味が曖昧、不明確になるようなことは避けるべきである。

　「本文・ただし書き」の構造の条文は、本文に書かれてあるものが原則であり、ただし書きに書かれてあるものはその例外を規定するものである。従って、「ただし書き」は「本文」の場合よりも限定された事項・事態に適用されるものであることを念頭に置くべきである。

　禁止された行為を行い、又は規制された行為に出ることにより損害賠償請求が認められるわけではない。損害賠償は、違法行為、違反行為により損害が生ずることから認められるのである。この点は、禁止された行為を行うこと、又は規制された行為に出ることで直ちに罰則の適用があることとは異なるわけである。

30　星空町町花おとめゆり保護条例

（目的）

第1条　この条例は、星空町町花おとめゆり（平成12年11月1日制定）の保護と増殖を図ることを目的とする。

（指定）

第2条　町長は、おとめゆりの自生地で保護することが必要な地域（以下「保護地域」という。）を指定することができる。

2　町長は、保護地域の指定をしようとするときは、あらかじめ土地所有者の意見を聞かなければならない。

3　町長は、保護地域を指定する場合には、その旨及びその区域を告示しなければならない。

4　保護地域の指定は、前項の規定による告示によってその効力を有する。

5　前3項の規定は、保護地域の指定の解除及びその区域の変更について準用する。

（保護計画）

第3条　保護地域におけるおとめゆりの保護のための規制又は増殖に関する計画（以下「保護計画」という。）は、町長が決定する。

2　保護計画には、次の各号に掲げる事項を定めるものとする。

一　保護地域における、おとめゆりの保護に関する基本的事項

二　当該保護地域における、おとめゆりの保護のための規制に関する事項

三　当該保護地域における、増殖に関する事項

（保護事業）

第4条　保護計画に基づいて行う事業（以下「保護事業」という。）は、町長が執行する。

2　おとめゆりの保護・育成に関心を持つ団体又は個人は、保護事業に協力することができる。

（行為の制限）

第5条　保護地域内においては、何人たりとも次に掲げる行為をしてはならない。

　一　おとめゆりの球根の堀り取り、折花等の行為

　二　開墾又は地域の形質を変更すること。

　三　土石を採取すること。

　四　その他おとめゆりの生育を阻害する行為

2　次の各号に掲げる行為については、前項の規定は適用しない。

　一　保護事業の執行として行う行為

　二　通常の管理行為又は軽易な行為のうち、保護地域におけるおとめゆりの
　　保護に支障を及ぼすおそれのない行為

（監視員）

第6条　町長が、必要と認める場合には、おとめゆりの保護監視員（以下「監
　視員」という。）を置くことができる。

2　監視員は、非常勤とし、町長が委嘱する。

3　監視員の任期は2年とする。ただし、再任は妨げない。

（監視員の任務）

第7条　監視員は、第5条の規定により制限された行為を監視し、おとめゆり
　の保護にあたるものとする。

2　監視員は、制限行為に違反するものを発見した場合には、ただちに注意す
　るとともに、その結果を町長に報告しなければならない。

（公表）

第8条　町長は、第5条第1項の規定に違反したものについて氏名及び住所、
　違反の内容等を公表することができる。

（委任）

第9条　この条例に定めるもののほか、この条例の施行に関し必要な事項は規
　則で定める。

　　　　附　　則

　この条例は、公布の日から施行する。

条例クリニック☞

　第1条は、この条例の起案者は「目的」規定のつもりであるが、町花おと
めゆりの「保護と増殖」によって何を目指すのか、何を実現しようとするの

かが明記されていない。従って、これは「趣旨」規定である。これをあくまでも「目的」規定としたいのであれば、次のように規定するのが立法例である。

（目的）

第1条　この条例は、平成12年11月1日に本町の花に指定された、おとめゆりの保護及び増殖のために必要な措置を定め、もって観光地としての本町の価値の高揚に資することを目的とする。

　第2条は、第1項で「おとめゆりの自生地」とあるが、第2項では、（おとめゆりの）生育する土地で「私有地」でも「（おとめゆりの）保護地域」に指定できる旨を規定しているのであり、私有地の場合には、おとめゆりの「自生地」ではなく、人手が加わったおとめゆりの生育地の場合があり得るのであるから、従って、第1項は「おとめゆりの生育地」とすべきである。第2項は、「土地所有者の意見を聞かなければならない」を「土地所有者の意見を聴かなければならない」に改めるべきである。第3項は、「保護地域を指定する場合には、その旨及びその区域を告示しなければならない」と規定しており、この「告示」は公報等によるものと思われるが、それ以外に、当該地域が「保護地域」であることが識別し得るような「標識」を保護地域の見やすい所に掲示することが必要である。

　第3条は、第1項が「おとめゆりの保護のための規制又は増殖に関する計画」とあるのは「おとめゆりの保護のための規制及び増殖」に改めるべきである。

　なお、第2条及び第3条に共通していえることは、「（おとめゆりの）保護地域」というような一般的な表現に代えて「（おとめゆりの）特別保護地域」とすべきである。

　第4条第1項は、「（おとめゆりの）保護事業」は、町が私人に又は民間の団体に委嘱するのではなくて、本町が行うものであるという意味で「町長が執行する」を「町が行う」に改めるべきである。

　第5条第1項は、「してはならない」行為の構成要件を明確に規定すべきである。

　第６条は、「監視員」を本町の職員（地方公務員）もなることができるものとして、第３項は、「監視員」を常勤として「監視員は、町長が任命し、又は委嘱する。」と規定すべきである。

　第８条は、第５条に違反した者に対していきなり「氏名等の公表」をすることができるように規定しているが、公表する前段階として、「勧告」について規定すべきである。

　以上の諸点を踏まえて、本条例は、次のような案文が考えられる。

星空町町花おとめゆり保護条例

（趣旨）

第１条　この条例は、平成12年11月１日に星空町の町花に指定されたおとめゆりの保護及び増殖に関し、必要な事項を定めるものとする。

（おとめゆりの特別保護地域の指定）

第２条　町長は、おとめゆりの生育地で特におとめゆりを保護することが必要な地域（以下「特別保護地域」という。）を指定することができる。

２　町長は、私有地の全部又は一部を特別保護地域に指定しようとする場合は、当該私有地の所有者の意見を聴かなければならない。

３　町長は、特別保護地域を指定する場合は、その旨及びその区域を告示しなければならない。

４　特別保護地域の指定は、前項の規定による告示によってその効力を生ずる。

５　前３項の規定は、特別保護地域の指定の解除及び特別保護地域の変更について準用する。

（標識の掲示）

第３条　町長は、特別保護地域の見やすい場所に当該地域が特別保護地域であることが容易に識別できる標識として規則で定める様式のものを掲示するものとする。

（保護計画）

第４条　町は、特別保護地域におけるおとめゆりの保護のための行為の規制及びおとめゆりの増殖に関する計画（次項及び次条において「保護計画」とい

う。）を決定するものとする。

2　保護計画は、次の各号に掲げる事項を定めるものとする。

　一　特別保護地域におけるおとめゆりの保護に関する基本的事項

　二　特別保護地域におけるおとめゆりの保護のための行為の規制に関する事項

　三　特別保護地域におけるおとめゆりの増殖に関する事項

（保護事業）

第5条　町は、保護計画に基づいて保護事業を行うものとする。

2　町は、おとめゆりの保護及び育成に関心を有する団体又は個人に、町が行う保護事業に対する協力を求めることができる。

（行為の制限）

第6条　何人も、保護事業を行う場合及び通常の管理行為その他おとめゆりの生育に支障を及ぼさないものとして規則で定める場合を除いては、特別保護地域において次の各号に掲げる行為をしてはならない。

　一　おとめゆりの花弁、葉茎又は球根の採取

　二　おとめゆりの個体を損傷する行為

　三　開墾その他土地の形質を変更する規則で定める行為

　四　前各号に掲げるもののほか、おとめゆりの生育を阻害する規則で定める行為

（保護監視員）

第7条　町は、必要と認めるときは、おとめゆりの保護のための監視員（以下本条及び次条において「保護監視員」という。）を置くことができる。

2　保護監視員は、町長が任命し、又は委嘱する。

3　保護監視員の任期は2年とし、再任を妨げない。

（保護監視員の任務）

第8条　保護監視員は、第6条に規定する行為を監視し、おとめゆりの保護に当たるものとする。

2　保護監視員は、第6条各号に掲げる行為をした者を発見したば場合は、直ちに当該行為を制止し、又は警告し、その結果を町長に報告しなければならない。

（勧告及び命令）

第９条　町長は、正当な理由がなくて第６条第３号に該当する行為をした者が
　　あるときは、その者に対し、当該行為に係る特別保護地域の現状を回復する
　　ために必要な規則で定める措置を講ずべきことを勧告することができる。

２　町長は、前項に規定する勧告を受けた者がその勧告に従わなかったときは、
　　その旨を公表することができる。

３　町長は、第１項に規定する勧告を受けた者が、前項の規定によりその勧告
　　に従わなかった旨を公表された後において、なお、正当な理由がなくてその
　　勧告に係る措置を執らなかったときは、その者に対し、期限を定めて当該勧
　　告に係る措置を執るべきことを命ずることができる。

（規則への委任）

第10条　この条例に定めるもののほか、この条例の施行に関し必要な事項は、
　　規則で定める。

（罰則等）

第11条　第６条各号に掲げるいずれかの行為をした者は、20万円以下の罰金に
　　処する。

２　第９条第３項に規定する命令に違反した者は、50万円以下の罰金に処する。

３　第６条第１号に違反して採取されたおとめゆりの花弁、茎葉又は球根は、
　　町に帰属する。

第12条　法人の代表者又は法人若しくは人の代理人、使用人その他の従業者が、
　　その法人又は人の業務に関し、前条の違反行為をしたときは、行為者を罰す
　　るほか、その法人又は人に対して前条の罰金刑を科する。

　　　　附　　則

　　この条例は、公布の日から起算して20日を経過した日から施行する。

審査のポイント☞

　一定の行為を制限し、又は禁止し、それに違反した者の「氏名等を公表す
る」場合において、そのような違反に対して直ちに「氏名等を公表」するの
ではなく、その前段階の手続として、勧告、指示、指導をすること、それで
も違反行為が改まらないときに、命令又は「氏名等公表」、あるいはその両

方の制裁（罰則を科すること及び行政処分に処すること）を行うようにすべ
きである。

31　白露町まちづくり条例

（目的）

第1条　この条例は、住民等の参加による豊かで住みよい田園都市づくりを推進するため、まちづくりについて必要な事項を定めることを目的とする。

（定義）

第2条　この条例において、次の各号に掲げる用語の意義は、それぞれ当該各号に定めるところによる。

　一　まちづくの協議会

　　　第4条の規定により設置された協議会をいう。

　二　まちづくり提案

　　　第5条の規定により提案された構想をいう。

　三　まちづくり協定

　　　第6条の規定により締結された協定をいう。

　四　まちづくり計画

　　　第7条の規定により定められた計画をいう。

　五　開発行為等

　　　都市計画法（昭和43年法律第100号）第4条第12項に規定する開発行為及び建築基準法（昭和25年法律第214号）第2条第1号に規定する建築物を建築する行為をいう。

　六　地区住民等

　　　地区内の居住者、事業者及び土地又は家屋の所有者をいう。

（町長の基本的責務）

第3条　町長は、豊かで住みよい田園都市づくりを推進するための基本的かつ総合的な計画を策定し及びこれを実施しなければならない。

（まちづくり協議会）

第4条　第1条の目的を達成するために町長は町内を4地区（概ね小学校校区）に地域区分し、地区住民等によるまちづくり協議会を設置するものとする。

2　まちづくり協議会は、議会議員、農業委員等公職にある者及び地区住民等、まちづくりについて学識経験を有する者等により構成するものとする。

（まちづくり提案）

第5条　まちづくり協議会は、豊かで住みよい田園都市づくりを推進するため、地区のまちづくりの構想をまちづくり提案として、町長に提出することができる。

（まちづくり協定）

第6条　まちづくり協議会は、豊かで住みよい田園都市づくりを推進するため、次の各号に掲げる事項について定めた協定をまちづくり協定として締結することができる。

一　協定の名称

二　協定の締結の対象となる地区の位置及び区域

三　協定の締結の対象となる地区のまちづくりの目標、方針、その他豊かで住みよい田園都市づくりを推進するために必要な事項

2　まちづくり協定を締結しようとする場合は、あらかじめ町長の承認を得なければならない。

3　町長は、まちづくり協定を承認したときはその旨を公示しなければならない。

4　前2項の規定は、まちづくり協定を変更する場合について準用する。

（まちづくり計画）

第7条　町長は、豊かで住みよい田園都市を推進するため、白露町総合計画に基づき、まちづくり提案、まちづくり協定に配慮し、次の各号に掲げる事項を定めたまちづくり計画を策定することができる。

一　計画の名称

二　計画の対象となる地区の位置及び区域

三　計画の対象となる区域のまちづくりの目標、方針

四　公共、公益施設整備計画

五　豊かで住みよい田園都市づくりを推進するために必要な事項

2　町長は、まちづくり計画を策定したときはその旨を告示しなければならない。

3　前項の規定は、まちづくり計画を変更した場合について準用する。

（地区住民等の責務）

第8条　地区住民等は、まちづくり協議会の運営、まちづくり協定、町づくり

計画の策定及びその実現のための施策に協力しなければならない。

（開発行為等の届出）

第9条　まちづくり協定、又は町づくり計画の区域内において開発行為等を行おうとする者は、規則に定めるところによりその内容を町長に届け出なければならない。

2　前項の届出は、都市計画法（昭和43年法律第100号）第29条の規定による許可、建築基準法（昭和25年法律第201号）第6条の規定による確認、その他関係法令に基づく許可及び白露町土地利用指導要綱の同意を受けようとする前に行わなければならない。

（勧告）

第10条　町長は、前条の規定による届出があった場合においてその届出に係る行為がまちづくり協定及びまちづくり計画に適合しないと認めるときは、その届出に係る行為に関し、設計の変更その他必要な措置を執ることを勧告することができる。

（措置）

第11条　町長は、第9条の規定による届出をせずに開発行為等に着手した場合、又は前条の規定による勧告に従わないで当該行為を行った場合においては、その者の氏名、その他必要な事項を公表することができる。

（施行の細目）

第12条　この条例の施行に関し、必要な事項は、規則で定める。

　　　附　則

この条例は、規則で定める日から施行する。

条例クリニック☞

　第1条は、この条例の起案者は、「目的規定」として規定したものであるが、それにしては、「目的」とそれを達成しようとするための「手段」とが逆転している。つまり、「まちづくりについて必要な事項を定めて、もって住民参加による豊かで住みよい田園都市づくりの推進を図ることを目的とする。」というべきではなかろうか。従って、次のような案文が考えられる。

> （目的）
> 第1条　この条例は、まちづくりについて必要な事項を定め、もって住民参加
> 　　による豊かで住みよい田園都市づくりの推進を図ることを目的とする。

　第2条は、用語の「定義」を規定したものであるが、第1号は「まちづくり協議会」、第2号は「まちづくり提案」、第3号「まちづくり協定」、第4号は「まちづくり計画」という用語を定義したのであるが、これら4つの用語は、そのまま、第4条から第7条までの「条文の見出し」を掲げたものであり、従って、この4つの「用語」であり、かつ、「見出し」は、第4条から第7条までに規定する条文を見れば分かることであり、敢えて「定義」するまでのことではない。第5号及び第6号に掲げる用語の定義は必要である。

　ところで、第5号中「建築基準法（昭和25年法律第214号）」とあるのは間違いであり、「建築基準法（昭和25年法律第201号）」に改めるべきである。

　第3条は、条文の「見出し」である「町長の基本的責務」を「町の責務」に、条文中「町長は、」を「町は、」に改めるべきである。なぜならば、「豊かで住みよい田園都市づくりを推進するための基本的かつ総合的な計画を策定し……」は町長だけではなく、町議会の承認等、町議会の関与があると考えるべきだからである。

　第4条第1項は、「町内を4地区（概ね小学校校区）に地域区分し、地区住民等によるまちづくり協議会を設置するものとする。」と規定するが、これは、4地区の各々に「まちづくり協議会」を設置するものと思われるので、そのことを明確に規定すべきである。

　従って、第1項は「町長は、第1条の目的を達成するために町内を4地区（概ね小学校校区）に地域区分し、各地区ごとに地区住民等によるまちづくり協議会を設置するものとする。」という案文が考えられる。第2項は、格別問題はない。

　第6条、第7条及び第8条は格別問題はない。

　第9条は、第2項において「都市計画法」及び「建築基準法」を引用しているが、この2件の法律は既に第2条第5号において引用されており、そこでこの2件の法律は「法律番号」を付けてあるのであるが、同一の法律を2

回以上引用する場合には、2回目以降は「法律番号」を付けないのが立法上
の決まりなのである。本条例では、第2条第5号において都市計画法（昭和
43年法律第100号）及び建築基準法（昭和25年法律第201号）を各々引用して
おり、また、第9条第2項においても都市計画法（昭和43年法律第100号）
及び建築基準法（昭和25年法律第201号）が各々引用（2回目の引用）され
ており、従って、第9条第2項で引用されるこの2件の法律には「法律番号」
を記載しなくて良いわけである。なぜに、同一の法令を2回以上引用する場
合において、2回目以降の引用には「法令番号」を記載しなくても良いのか、
その理由は定かではない。おそらく、第1回目の引用において「法令番号」
が記載してあれば、その引用に係る法令の特定はできるのであるから、同じ
題名の法令を2回以上引用する場合の2回目以降の引用には、分かり切った
「法令番号」の記載は必要ではないとの判断からなのであろうか。もちろん、
記載しても格別の不都合は考えられないのであるが。

　第10条は「勧告」について、第11条は「措置」についておのおの規定して
いるが、勧告してもその勧告に従わない場合、その勧告に従わない者に対す
る不利益処分としての「氏名等公表」を行うための規定は、本条例のように
二箇条に分けて規定するのではなく、一箇条にまとめて、次のように規定す
るのが立法例である。

（勧告及び命令）
第10条　町長は、前条の規定による届出があった場合においてその届出に係る
　開発行為等がまちづくり協定及びまちづくり計画に適合しないと認められる
　ときは、当該届出に係る開発行為等に関し、設計の変更その他規則で定める
　必要な措置を執るべき旨の勧告をすることができる。
2　町長は、前項に規定する勧告を受けた者がその勧告に従わなかったときは、
　その旨を公表することができる。
3　町長は、第1項の勧告を受けた者が前項の規定によりその勧告に従わな
　かった旨を公表された後において、なお、正当な理由がなくてその勧告に係
　る措置をとらなかったときは、その者に対し、期限を定めてその勧告に係る
　措置をとるべきことを命ずることができる。

　第12条は、条文の「見出し」が「施行の細目」とあるが、これは「規則への委任」と改め、同条は「この条例に定めるもののほか、この条例の施行に関し必要な事項は、規則で定める。」と規定するのが立法例である。

　なお、前述のように第10条と第11条とをまとめて、新しく第10条としたことから、第12条を一箇条繰り上げて、次のような罰則を新しく第12条として規定すべきである。これは、前記のように新しい第10条には、第3項に「町長の命令」を規定したことから、その命令違反に対する「罰則」を規定する必要があるからである。

（罰則）
第12条　第10条第3項の規定による命令に違反した者は、50万円以下の罰金に処する。

　最後に、附則の「施行期日」についてであるが、「この条例は、規則で定める日から施行する。」としてあり、このような「包括委任（白紙委任）」は好ましくない。このような場合には、条例で施行期日の大枠を規定して、その範囲内で、具体的な施行期日を「規則で定める（規則への委任）」とすべきである。例えば、次のようにすべきである。

　この条例は、公布の日から起算して6月を超えない範囲内において規則で定める日から施行する。

　この条例は、公布の日から起算して5月を超え6月を超えない範囲内において規則で定める日から施行する。

審査のポイント ☞

　用語の定義に、当該条例の条文の「見出し」を掲げるような立法例は皆無である。「見出し」の役割は、その「見出し」のある条文の規定する内容を簡潔に表示することにあるわけで、その「見出し」を用語の定義として掲げることは、無用な重複に過ぎない。

　条例の施行期日を包括的（白紙委任的）に規則へ委任することは避けるべきである。このことは、「施行期日」に限ったことではなく、一般的に、条例でもってある事項につき規則、規程等の形式的効力が条例よりも下位の法規に委任する場合にもいえることであり、条例において「一定の範囲、程度」を定めて、その範囲、程度の中で具体的な事項を規則又は規程に委任すべきなのである。この点に関して、法律がそれよりも形式的効力の下位にある政令又は省令にある事項を委任する場合にも、時折、「包括委任、白紙委任」であるとして、法律の条文である委任規定が問題視されることがあることに留意すべきである。

32　白壁堂町児童遊園設置管理条例

（設置目的）
第1条　本町石塔甲地区に居住する児童に健全な遊びを与えて、健康を増進し、情操を豊かにするために、本町に児童遊園を設置する。
（名称及び位置）
第2条　この児童遊園は、石塔甲地区児童遊園（以下「児童遊園」という。）と称し、本町石塔甲15番地に置く。
（規則への委任）
第3条　児童遊園の管理、その他必要な事項は、町長が別に定める。
　　　附　則
　この条例は、公布の日から施行する。

条例クリニック☞

　この条例は、題名から見るに、白壁堂町の全領域に居住する児童のための「児童遊園」のようであるが、第1条の規定は、「本町（白壁堂町）石塔甲地区に居住する児童に」というように限定的である。そうであるならば、この条例の題名も正確に「白壁堂町石塔甲地区児童遊園設置管理条例」とすべきなのである。

　次に、第2条では「（以下「児童遊園」という。）」の箇所は、この「児童遊園」と略称した用語は次の一箇条でしか使われないのであるから、「（以下次条において「児童遊園」という。）」とするか、又は「（次条において「児童遊園」という。）」とすべきである。

　第3条の「規則への委任」を定める条文は「この条例に定めるもののほか、この条例の施行に関し必要な事項は、規則で定める。」とするのが立法例である。

　ところで、最初に戻って、この条例の題名に「……設置管理条例」とあるが、第2条には一応「設置」について規定してはいるが「管理」についてはこの条例には全く規定されてはいない。従って、「……設置管理条例」とい

うのでは正確さに欠けるのであり、「……設置に関する条例」とするくらいのところが適切である。

　また、この条例で「児童遊園」とあるが、「児童」の概念は、例えば、児童福祉法（昭和22年法律第164号）第4条第1項は「満18歳に満たない者をいい、」と規定し、さらに、乳児を「満1歳に満たない者（第1号）」、幼児を「満1歳から、小学校就学の始期に達するまでの者（第2号）」、少年を「小学校就学の始期から、満18歳に達するまでの者（第3号）」に分類し、また、第4条第2項では「障害児（身体に障害のある児童又は知的障害のある児童）」を規定しているのである。

　本条例では、「児童」については格別の定義は見られないことから、この児童福祉法の「児童」の概念に従うこととして、「児童とは満18歳に満たない者」となると、0歳の乳児から満17歳の少年までのための「児童遊園」となるわけであるが、これらの児童がこの児童遊園に集合することができるわけであり、このような事態を想定した場合には、この児童遊園の広さにもよることではあるが、乳児を乗せた乳母車が通る傍らでキャッチボールをやっている17歳の少年たちがいるというような事態が考えられるのであり、そうなれば、児童遊園の管理運営には児童たちの生命、身体の安全確保の観点からも相当な厳格さ的確さが求められるわけである。しかし、この条例にはこの児童遊園の管理運営については全く規定されていないのである。これは、条例の立法技術の問題というよりは「立法政策」の問題ではあるが、とにかく、本条例は出来の良い立法とはいい難い。

　最後に、この条例は「白壁堂児童遊園設置管理条例」とはいっても前述のように「石塔甲地区に居住する児童」のためのものであり、それではその他の地区に居住する児童は利用できないこととなり、当然、不公平、不公正ではないかとの批判が考えられる。それに対しては、例えば、他に、次の4件の条例により、残りの4箇所に居住する児童のための児童遊園があるとの抗弁がなされるとする。

白壁堂町児童遊園設置管理条例	同町石塔乙地区に居住する児童を対象とする児童遊園
同題名の条例	同町萩藪地区に居住する児童を対象とする児童遊園
同題名の条例	同町亀沼地区に居住する児童を対象とする児童遊園
同題名の条例	同町月見が原地区に居住する児童を対象とする児童遊園

　しかし、これらの児童遊園は、総てが同一の目的で制定された条例なのであるから、このように合計5件の条例に分割された状態で立法されることは適切な立法政策とはいえないのである。例えば、将来、これらの条例の実効性を担保するために違反行為に対する罰則を設けることとなり、そうなるとこれらの各条例の「一部を改正する条例案」の5件が本町の議会に提案されることになるが、諸々の政治情勢から、場合によっては、そのうちに1件の「一部改正条例」だけが成立したとする。そうなると、同じ違反行為をした者であっても、一部改正条例の成立によって罰せられる者と、一部改正条例の不成立によって罰せられない者が生ずることとなって、その不公平、不公正さは避けられないわけである。

　従って、「一主題一法令（条例）」の原則によるべきであり、本件の場合にも、これら5件の条例はまとめて運命共同体さながらの1件の「白壁堂町児童遊園設置管理条例」という題名として、その条例の内容を、例えば、次のようにすることが考えられる。

目次
　第一章　総則
　第二章　石塔甲地区児童遊園
　第三章　石塔乙地区児童遊園
　第四章　萩藪地区児童遊園
　第五章　亀沼地区児童遊園

第六章　月見が原地区児童遊園

審査のポイント ☞

　法令（条例も同じ。）は「一主題一法令」であるべきである。

　条例の「題名」はその条例の規定する内容を正確に表現したものでなければならない。従って、例えば「○○設置管理に関する条例」という題名でありながら、その条例には「◎◎の管理については、規則で定める。」というように「管理」については一箇条のみの規定で、しかも、条例で管理について規定するのではなく、「規則」へ包括委任しているような場合には、その条例は「○○の設置等に関する条例」のような題名の方が条例の規定内容を正確に表現しているといえるのである。

著者紹介

田島信威（たじまのぶとし）
・東京大学法学部卒業
・参議院法制局参事、その後第二部長、第一部長、法制次長を経て、参議院法制局長
・参議院法制局を退職し、東北文化学園大学総合政策学部教授
・元白鷗大学法科大学院教授
　憲法・行政法を担当
［著書］
最新法令の読解法　四訂版（ぎょうせい）
最新法令用語の基礎知識　三訂版（ぎょうせい）
条例・規則の起案マニュアル（加除式）（共同執筆、ぎょうせい）
法令用語ハンドブック　三訂版（ぎょうせい）

高久泰文（たかくやすぶみ）
・東京大学法学部卒業
・参議院法制局参事、その後参議院常任委員会（内閣委員会、法務委員会）調査室調査
　員を経て、参議院法制局法制主幹、第三部長
・拓殖大学非常勤講師
・参議院法制局を退職し、拓殖大学政経学部教授
　法学基礎研究・憲法・行政法を担当
・同大学地方政治行政研究科大学院教授
・元創価大学法科大学院非常勤講師
［著書］
条例・規則の起案マニュアル（加除式）（共同執筆、ぎょうせい）

よくわかる　条例審査のポイント
〜新版　市町村条例クリニック〜

平成29年12月1日　第1刷発行

著　者　　田島信威・高久泰文
発　行　　株式会社 **ぎょうせい**

〒136-8575　東京都江東区新木場1-18-11
電話　編集　03-6892-6508
営業　03-6892-6666
フリーコール　0120-953-431
URL：https://gyosei.jp

〈検印省略〉

印刷　ぎょうせいデジタル㈱　　　　　©2017 Printed in Japan
※乱丁・落丁本はお取り替えいたします。
ISBN978-4-324-10423-1
(5108388-00-000)
〔略号：新条例クリニック〕